Enseña a tus hijos
a digerir las emociones

Enseña a tus hijos
a digerir las emociones

Pilar Sanz

Plataforma
Editorial

Primera edición en esta colección: octubre de 2020

© Pilar Sanz Sarmiento, 2020
© del prólogo, Pilar Jericó, 2020
© de la presente edición: Plataforma Editorial, 2020

Plataforma Editorial
c/ Muntaner, 269, entlo. 1ª – 08021 Barcelona
Tel.: (+34) 93 494 79 99 – Fax: (+34) 93 419 23 14
www.plataformaeditorial.com
info@plataformaeditorial.com

Depósito legal: B 14895-2020
ISBN: 978-84-18285-05-9
IBIC: VS

Printed in Spain – Impreso en España

Ilustración de la página 44:
Hugo Montiu Gracia

Realización de cubierta y fotocomposición:
Grafime

El papel que se ha utilizado para imprimir este libro proviene
de explotaciones forestales controladas, donde se respetan
los valores ecológicos, sociales y el desarrollo sostenible del bosque.

Impresión:
Romanyà Valls
Capellades (Barcelona)

Índice |

Prólogo |

Los hijos son el mayor desafío que podemos vivir. Tenemos la opción de ser padres «con el automático puesto», en el que probablemente repitamos patrones vividos en el pasado o en el que estemos atrapados en lo que debería ser un buen padre o madre. Sin embargo, también podemos optar por otro camino, más retador y pleno: la maternidad o la paternidad conscientes. Esta última opción es la que nos ayuda a considerar a nuestros hijos como auténticos maestros de nosotros mismos y, al mismo tiempo, la que nos permite desarrollar en ellos las bases sólidas para su felicidad. Todos sabemos que los hijos nos llevan a descubrir límites desconocidos de nuestra paciencia, a vivir emociones contradictorias y, al mismo tiempo, a acceder a un universo único de amor, de sentido vital y de plenitud como seres humanos. La maternidad o la paternidad conscientes comienzan en uno mismo, pero es un camino que necesitamos recorrer con ayuda. Ser padres conscientes no es algo innato. Nuestro cerebro está programado para proteger a nuestros hijos de los peligros, pero hace falta un esfuerzo añadido para salir de los mecanismos automáticos de nuestras creencias, de nuestros miedos o de lo que hemos heredado de nuestros padres (¿quién no se sorprende de sí mismo al repetir algo de su

padre o madre que no le hacía demasiada gracia de pequeño?). Por eso necesitamos ayuda para comprender, para crecer y para ayudar a nuestros hijos a que estén sanos, sean
autónomos y felices. Esa ayuda es crucial, y para ello quién
mejor que Pilar Sanz, autora de este maravilloso libro que el
lector tiene en sus manos.

Pilar Sanz es una de las mejores profesionales que conoz-
co. Con ella he aprendido claves fundamentales para una
maternidad consciente con mi hijo, Hugo, a través de la digestión emocional. Como Pilar reconoce, «del modo en el
que digiramos nuestras emociones dependerá, en gran medida, nuestra calidad de vida». Si somos capaces de ayudar
a nuestros hijos a nutrirse de emociones positivas y a evacuar las negativas, podrán sentirse mejor con ellos mismos
y tendrán más herramientas poderosas para enfrentarse a las
dificultades. Y todo el camino comienza en nosotros como
padres, como nos explica este libro.

Enseña a tus hijos a digerir sus emociones es un texto práctico, cargado de sentido común y de sabiduría, tremendamente útil y revelador, necesario para cualquier padre o madre
que desee ayudar a sus hijos, y a sí mismo, a ser más felices.
No es un manual teórico de un psicólogo encerrado en su
despacho, sino algo más grande, escrito por una persona con
una mirada holística del ser humano. Pilar, además de ser
experta en comportamiento, ha profundizado en otras áreas
cruciales, como la alimentación o el cuidado del cuerpo, desde diferentes filosofías occidentales y asiáticas que se destilan
en sus páginas. Su libro va más allá de teorías mentales o de

expertos que dibujan paternidades o maternidades ideales. Está escrito por una madre que también conoce en propia carne los desafíos apasionantes a los que nos enfrentan los hijos. Ha plasmado en este libro su experiencia, su saber y su sensibilidad para acompañarnos como padres en el proceso de la propia digestión emocional y la de nuestros hijos de cualquier edad.

Me gusta el concepto de digestión emocional, más allá de gestión o de control. Es más real, cercano y una buena metáfora para explicar algo que todos hemos vivido. ¿Quién no ha experimentado la sensación de que algo o alguien se le atragantara? La mayor parte de las veces proviene de emociones que no sabemos reconocer, pero el Método Symbol, creación de Pilar Sanz, nos aporta claves y ejercicios para hacer una digestión adecuada de lo que nos sucede desde las tres dimensiones: emocional, física y mental. La autora nos ayuda a entender la diferencia entre necesidad y deseo, el poder mágico de las palabras, la importancia de la respiración, de los masajes y de los hábitos saludables, la construcción de la culpa y el daño que nos ocasiona, el proceso del duelo en los niños o los tipos de apegos, entre muchos otros conceptos. Todo ello explicado con cercanía, lleno de ejercicios prácticos para padres y niños de todas las edades y con sugerentes lecturas para seguir ampliando.

En definitiva, si como padres buscamos que nuestros hijos estén sanos, sean autónomos y felices, este libro es un regalo. Está escrito desde el corazón y desde la sabiduría de una experta que nos acompaña paso a paso en el apasionante camino de la digestión emocional de los padres y de los hijos. Muchas gracias por tu ayuda, Pilar, y muchas felicidades por este libro.

PILAR JERICÓ
Empresaria, escritora y conferenciante
@pilarjerico

Presentación

¿Alguna vez te has sentido desbordado a la hora de educar o criar a tus hijos? ¿Alguna vez les has gritado o habrías deseado «regalarlos»? ¿Desde que sois padres, sientes que tu relación de pareja ha cambiado rotundamente? ¿Es posible que incluso hayas llegado a sentir en ocasiones que te cuesta reconocerte? Si has respondido afirmativamente a estas preguntas, o si has sentido en alguna ocasión que las emociones tomaban el control de tus actos, o si te has visto incapaz de dominar tus emociones, o si te has arrepentido de haber dicho algo a tus hijos en un momento de descontrol emocional... seguramente te interese este libro.

Todos nos emocionamos. Pequeños y grandes, ricos y pobres, neuróticos y psicóticos, blancos y negros, todos hemos sentido alguna vez cómo un tsunami emocional nos ha inundado y ha arrasado con una relación, un trabajo, una entrevista o un examen.

Si algo sé tras veinte años de ejercicio profesional como psicóloga es que **nuestra salud mental y nuestra calidad de vida vienen determinadas por nuestra capacidad para nutrirnos de nuestras experiencias.** Pero para esto es a su vez fundamental que podamos identificar aquello que ya no va a nutrirnos más, y también que seamos capaces de eliminarlo y dejarlo ir.

Comemos ➡ Nos nutrimos ➡ Evacuamos

> Nuestro modo de digerir las emociones determina, en gran medida, nuestra calidad de vida.

Este libro evoca el concepto actual de *inteligencia emocional*, pero no es un libro de inteligencia emocional. Tampoco es un libro donde vayas a encontrar una receta mágica ni es una lámpara de Aladino que te pueda conceder, como en los cuentos, tres deseos.

En estas páginas quiero invitarte a que conozcas en profundidad tu naturaleza humana porque, antes de ser padre o madre eres, ante todo, un ser humano.

He concebido este libro para compartir contigo mi experiencia como profesional en el arte de acariciar el alma en momentos de gran impacto emocional. También quiero compartir contigo mi experiencia como madre y persona.

Este libro es para ti, que sientes, piensas y haces; que te enfadas, que lloras, gritas, pataleas, saltas, te asustas…, que unas veces ganas y otras tantas pierdes.

Este libro se gesta desde mi propia experiencia como persona, como madre y como psicóloga, porque desde hace veinte años me dedico a acompañar a las personas en la digestión de sus bocados de realidad, algunos altamente indigestos –como el nacimiento de un hijo con dificultades o la muerte prematura de una pareja, un progenitor o un hijo–. Todos estos bocados me han llevado a componer este libro desde un cúmulo de emociones propias y ajenas digeridas, atragantadas, vomitadas y, a veces, transmutadas. La materialización de estas páginas ha sido un auténtico proceso de digestión emocional para mí, y también un desafío. Todo un reto que me ha regalado la vida.

Inmersa en la adolescencia de mis hijos, al compaginar mi papel de madre con la redacción de estas páginas me he reafirmado en que, dentro de la evidente importancia de nuestra tarea como padres, ayudarles a desarrollar estrategias para digerir las emociones es uno de los mayores regalos que podemos hacerles, un regalo, además, para toda la vida, y que será clave durante toda ella a la hora de afrontar los desafíos y gestionar su éxito y felicidad.

Este libro es un plato cocinado a fuego lento. Cada uno de los ingredientes que he puesto en él ha formado parte de mi búsqueda personal y profesional: siempre curiosa e inquieta, siempre queriendo saber más allá de lo visible, lo que pretendo con él es que puedas conocerte y animarte a reconciliarte contigo y con tus emociones para, de esta manera, poder ayudar a tus hijos a digerir las suyas.

Con ese fin, este libro te invita al encuentro con tu niño y adolescente interior. Te anima a la comprensión de tus padres y te propone que hoy seas tú quien lideres tu biografía personal y parental, porque el presente es consecuencia del pasado, y también es herramienta de futuro.

Este libro te dará unas notas para entender tu forma de relacionarte contigo, con tu pareja y con tus hijos. En este sentido, es fundamental que te olvides de que existen emociones malas o negativas. Quiero, en cambio, que veas que las emociones siempre están al servicio de la vida y son siempre algo que tu cuerpo expresa para que tú te muevas a la acción. Juntos, tú y yo, bucearemos en el origen de la formación de la gran joya humana: la palabra y su función simbólica. **Este libro es un grito de auxilio en pos de la humanización de la sociedad.** Es, también, **una reivindicación hacia el valor sagrado de la crianza y de nuestro trabajo como padres.**

Verás cómo afecta a tu cuerpo negarte a escuchar tus deseos y necesidades físicas, mentales y emocionales. Te reconocerás en el baile infinito del dolor del duelo... que duele y es real. Sentirás alivio al reconocerte en los entramados emocionales de los vínculos de intimidad. Sabrás por qué se dice que la confianza da asco y por qué los ánimos se encienden con padres, hijos, pareja y hermanos. Por último, reconocerás el privilegio humano del arte de la palabra y la respiración, otras dos joyas que están al servicio de tu digestión emocional; dos herramientas que, bien usadas, hacen el camino de la vida mucho más sencillo y feliz.

Gracias a todo esto podrás ser consciente de la importancia de facilitar a tus hijos estrategias para poder digerir las emociones y así vivir con mayor calidad de vida.

Este es tu libro si estás dispuesto a aceptar que la vida, y ser padres en ella, es un camino de rosas. Sí, de rosas, pero rosas de verdad, con pétalos, y también con espinas. Porque no seríamos realistas ni justos si solo pretendiéramos ofrecer a nuestros hijos una vida de pétalos de rosas...

Como dijo la madre Teresa de Calcuta: «La vida es un reto, afróntalo».

Y, como yo me atrevo a añadir: DISFRÚTALO.

PARTE I

1.
¿Qué es
la digestión emocional?

Qué es la digestión emocional

La digestión emocional es el proceso a través del cual:

- Nos nutrimos, crecemos y aprendemos de nuestras experiencias vitales o bocados de realidad.
- Seleccionamos lo que nos aporta crecimiento y lo absorbemos.
- Dejamos ir lo que se torna tóxico y no nos nutre.

El proceso de digestión implica:

- asimilación y absorción,
- selección,
- transformación o alquimia,
- crecimiento y regeneración,
- evacuación, dejar ir.

La digestión emocional no es solo un mero proceso de **control** y **gestión**, los bocados de realidad son experiencias que vivimos.

Es importante destacar que se trata de un proceso y, aunque parezca una perogrullada, **los procesos implican tiempo**. En la actualidad vivimos en una sociedad que no facilita un marco ideal que permita a los procesos vitales seguir sus ritmos y tempos naturales: vivimos en un *fast life*, en un mundo exprés.

Cómo la digestión emocional puede ayudarnos a educar a nuestros hijos

Ayudar a nuestros hijos a digerir sus emociones es acompañarlos en la adquisición de herramientas que les faciliten:

- Crecer y nutrirse del aprendizaje de TODAS las experiencias de la vida.
- Soltar y dejar ir aquello que ya no sirve, aunque dicha experiencia haya sido positiva o negativa.

Cuando nuestros hijos son bebés nosotros somos la trituradora que les permite digerir las emociones propias de su llegada al mundo. Cuando van creciendo, en cambio, ellos van desplegando sus herramientas y estrategias de afrontamiento gracias a su temperamento, a su vínculo con nosotros y al lenguaje.

Como padres, nuestra tarea (y nuestro deber) es brindarles estrategias que les sirvan para aprender a nutrirse, asimilar y absorber este frenético estilo de vida del siglo XXI.

> Una buena digestión de las emociones les permitirá **establecer y fortalecer su compromiso con ellos mismos**, les hará **responsables** y **autónomos**, facilitará el **desarrollo de sus capacidades potenciales** y les permitirá **vivir con una buena calidad de vida y tender a la felicidad**.

El cerebro de un niño se desarrolla a partir del vínculo con sus progenitores. Dicho vínculo sienta las bases del estilo de apego adulto y de las estrategias de afrontamiento emocional y, dejando aparte los conceptos teóricos, más allá de mi carrera profesional, en lo que atañe a mi vida personal he podido comprobar su fortaleza y confirmar, gracias a mi biografía personal, que, en efecto, **el sustrato y el pilar básico de la calidad de vida es lo que hacemos con nuestras emociones**.

Desde el año 1976 ejerzo de hija y hermana y, desde 2000, como psicóloga. A comienzos de 2004 me convertí en esposa y terminé el 2005 siendo madre. Mi vida personal y profesional ha sido, así pues, intensa y variada, y en esta última mi inquietud y curiosidad me han llevado a implicarme con todo tipo de personas: bebés y niños pequeños con síndromes genéticos o neurológicos; grandes prematuros; gente sin techo; personas que han sufrido abusos; dependientes a diversas sustancias; niños y adolescentes con trastorno del espectro autista; Asperger; altas capacidades; trastorno por déficit de atención e hiperactividad; niños, adolescentes y adultos en duelo; primeros auxilios psicológicos; supervivientes de suicidios y de tentativas de suicidio...

He buceado a fondo en el impacto de estos bocados de realidad en la vida de las personas, y me he impregnado de diferentes teorías y técnicas porque, para mí, tanto la técnica como la teoría han de estar al servicio de las personas y no al revés, ya que, en mi opinión, todas las técnicas, bien aplicadas, funcionan, pero no para todos ni en todo momento.

Finalmente, tras todos estos años trabajando con tantas y tantas personas, he descubierto que, por diferentes que parezcan los casos, todos ellos mantienen un sustrato común, un pilar fundamental relacionado con las emociones y qué hacemos con ellas: **todos nos emocionamos.**

A lo largo de las veinticuatro horas del día todo ser humano, bebé, niño, adolescente, adulto o anciano, vive infinitos estados emocionales. Se trata de estados que derivan de nuestra reacción a la realidad que nos toque vivir. Pero nuestra realidad interior, nuestros pensamientos y creencias, también devienen en estados emocionales.

La digestión que hacemos de cada bocado de realidad marca la calidad de nuestra salud, nuestras relaciones, nuestros logros y, por ende, la calidad de nuestra felicidad en la vida.

A su vez, casi todos los bocados de realidad que nos emocionan implican un cambio, una pérdida, ya sea real o imaginada. La primera premisa de la vida, la única ley constante en ella, es que **la vida es cambio.**

Hoy en día se oye mucho hablar de control emocional, gestión emocional y, por supuesto, de inteligencia emocional. Últimamente existen estudios que asocian el sistema nervioso con el intestino. Pues bien, aquí también haremos esa asociación: **la inteligencia emocional se asocia a la digestión emocional.**

Tal y como yo lo veo, se trata de una asociación que tiene todo el sentido, ya que, para mí, el control y la gestión emocional no resultan suficientes por sí mismos, sino que son parte de un proceso más elaborado: **la digestión emocional.**

Diferencias entre control, gestión y digestión emocional

No controles

Repite esta palabra para ti: «Control... control... control...». ¿Qué sensaciones te genera? ¿Con qué imágenes o palabras la asocias? A mí me viene la imagen de una burbuja de jabón, de un globo, de una olla a presión...

En la crianza y educación de nuestros hijos a veces aspiramos a controlarlos. Se pretende que hoy sean niños y adolescentes obedientes, y mañana, adultos libres, maduros y responsables que saben elegir, pero esto es una enorme contradicción reflejo de nuestra sociedad actual, en la que los niños y adolescentes del siglo XXI con frecuencia tienen menos guía y presencia parental, pero, en cambio, mucho más control que el que tuvimos los niños y los adolescentes de finales del siglo XX. Es una gran paradoja, pero **cuando hay control, de algún modo, estamos forzando algo.** Estamos conteniendo algo en extremo, y eso **nos hace estar más cerca del descontrol.** Esto es así porque al ejercer control hay dos fuerzas contrapuestas que pugnan por su propia victoria: una lucha por salir; la otra, por contener.

Cuando una persona «se controla» puede explotar en cualquier momento y de cualquier manera. Cuando se controla, en realidad, uno no está en comunión con la verdadera identidad de uno mismo, **no hay alineamiento entre pensamiento, emoción y conducta.**

En relación con la crianza, cada vez es más frecuente que los padres lleguen a mi consulta con mucha más ambivalencia y contradicciones en el ejercicio de su función, por eso desde aquí mi primera recomendación a todos los que tenemos hijos es que **seamos honestos con nosotros mismos** para poder **mirar de frente las contradicciones entre nuestros pensamientos, emociones y acciones como padres.**

Esto es fundamental porque, **al controlar, limitamos la conducta y la expresión de la emoción, pero esta sigue latiendo dentro.**

Cuando ejercemos el autocontrol, cuando aplicamos el famoso dicho de «voy a contar hasta diez antes de contestar» o cuando nos mordemos la lengua, estamos provocando que no haya un alineamiento entre lo que sentimos, lo que pensamos y lo que hacemos. **Y si no hay alineamiento, hay alienamiento.**

Y el alienamiento, antes o después, termina manifestándose y… haciéndonos explotar, y como todos sabemos, no hay nada que nos genere más culpa y dolor que el perder el control con nuestros hijos y explotar ante ellos.

La fuerza de una explosión

Una explosión siempre es algo masivo, arrollador, que arrasa. Algo temido.

Lo que sucede es que, cuando controlamos una emoción, actuamos como si la guardásemos en una cápsula mental que, desde nuestra fantasía, consideramos hermética, pero lo que ocurre en realidad es que esa emoción va desarrollándose silenciosamente ahí dentro, igual que un tumor, y crece, crece, crece… hasta que un día se manifiesta de forma grosera e irreverente, dispuesta a arrasar con todo. Y, lo que es peor, cuando lo hace descubrimos que se ha ido extendiendo como una metástasis emocional, de manera que lo que empezó siendo ira acaba acumulando culpa, miedo y, sobre todo, dolor y sufrimiento, por lo que la explosión termina salpicando no solo a quien ha guardado esa emoción, sino a quien está a su alrededor.

Con nuestros hijos pequeños sucede con frecuencia que,

como padres, les exigimos que se controlen y censuramos sus emociones, especialmente la rabia, hasta el punto de que, de hecho, todos asociamos la palabra «rabietas» a los niños. Sin embargo, y como veremos más adelante, **la emoción no debe censurarse, lo que debe limitarse es la conducta.** Entonces, ¿qué puede hacer nuestro hijo con esa rabia que siente?

Nuestra tarea será, como adulto a su cargo, **nombrar** y **reconocer la emoción** y, siempre que la expresión de la emoción implique riesgo de que el niño se haga daño o de que haga daño a alguien, **limitar** y **censurar la conducta.** Es muy importante tener presente que los límites siempre deben tener dos funciones:

* proteger,
* socializar.

Por otra parte, no debemos olvidar que cuando ejercemos el control sobre nosotros mismos nos solemos negar aspectos mentales o emocionales propios de nuestra identidad. No nos vemos.

Pues bien, de la misma manera, **cuando ejercemos el control sobre nuestros hijos, les estamos negando su identidad.** No los vemos.

> Pero educar no es controlar, es tutelar, es guiar, acompañar, es facilitar el contexto para que emerjan las mejores tendencias de nuestros hijos.

La incontinencia emocional

Hay quien considera que no tiene dificultad con las emociones porque lo expresa todo, no se guarda nada. **Pero eso tampoco es digestión.** La digestión es un proceso que requiere tiempo, y sucede que si no nos guardamos nada estamos demasiado cerca de la **incontinencia emocional**, en cuyo caso las acciones y las palabras son pura reacción que soltamos en forma de vómito o diarrea emocional sin haberlas digerido, sin haber absorbido, sin haber discernido, sin que nos hayan nutrido ni nos hayan ayudado a crecer.

Y suele suceder que **cuando no hay aprendizaje de la experiencia, la vida tiende a ponernos de nuevo el mismo plato sobre la mesa.** Es un acto de generosidad: la vida es una escuela tan generosa que nos invita a repetir el plato que no hemos podido digerir.

Aunque, eso sí, en las repeticiones sucesivas la presentación del mismo suele ser más abundante y explícita.

Lo cierto es que **de todo se aprende y con todo se crece.** Hasta el bocado de realidad más denso e indigesto puede ser puesto al servicio del desarrollo y del crecimiento personal para luego ser compartido con la comunidad.

El estreñimiento emocional

Es la versión más clásica del control. **Cuando se padece estreñimiento emocional no se puede soltar nada, todo se guarda y acumula.** El estreñimiento emocional puede ocurrir de forma consciente o inconsciente, y si tiene lugar, es porque puede haber tanto temor a lo que se siente que se retiene, se teme hacer daño al otro o... a uno mismo.

¿Por qué?

Tal vez porque lo que una persona siente no está en comunión con sus creencias y entonces se asusta, piensa que no se lo puede permitir. Y es que mantener la lealtad al pensamiento, a las creencias o al propio linaje, a veces favorece el cierre del cofre de las emociones con más intensidad. Es desde ahí, desde **la culpa y el miedo**, desde donde empieza a gestarse un nuevo quiste emocional, un tumor nacido de la alienación por no alinear pensamientos, creencias, emociones, relaciones, acciones y palabras.

> Del alineamiento del cuerpo físico, mental y emocional deviene, de manera natural y fluida, la **conexión con la verdadera identidad**.

A veces estamos tan ocupados en **hacer** que no nos damos cuenta de que **falta coherencia entre lo que decimos, sentimos, pensamos y hacemos.**

Esto es así, en muchos casos, porque actuamos como autómatas, desde los deseos y las necesidades de un tercero, ya sea una pareja, un padre o una madre, la sociedad o incluso nuestras creencias políticas o religiosas.

Pero no debemos olvidar de que se trata de HACER desde el SER.

Esto es esencial porque **la acción desvinculada de la esencia de uno mismo produce desgaste y frustración.**

La digestión emocional y el control

Como padres, es fundamental que podamos reconocer a nuestros hijos como personas diferentes y diferenciadas de nosotros.

Ellos tienen sus deseos y sus necesidades, que no tienen por qué coincidir con las nuestras.

Acompañarlos en el desafío de SER humanos autónomos y felices implica que soltemos las expectativas y las fantasías del hijo que hubiéramos querido ser o del hijo que hubiéramos deseado tener.

Ese proceso de separación y diferenciación que nuestros hijos han de llevar a cabo con relación a nosotros solo puede hacerse satisfactoriamente cuando de bebés hemos permitido esa fusión temporal que nutre de amor y seguridad al niño y que les dota de espacios donde el pequeño experimenta hasta que puede salir a volar, más adelante, sin papá y sin mamá.

Pero, además de permitir a nuestros hijos ser autónomos y distintos de nosotros, también es preciso, para su madurez emocional, que hayamos sabido, como padres, digerir las emociones derivadas del hecho de ser padres que han surgido en nosotros y abrazar y mirar de frente las contradicciones emocionales que conllevan tanto la maternidad como la paternidad.

Podría decirse que el hecho de ser padres se asienta en tres facetas esenciales:

- nuestras creencias sobre lo que es ser un buen padre o madre,
- nuestras emociones,
- nuestra acción como padres.

Hemos de procurar mantener un sutil equilibrio entre estas tres facetas, como si fueran las bolas de un malabarista que debemos mantener en el aire a la vez. Ser padre es encontrar ese equilibrio y, para ello, debemos mirar hacia delante y, sobre todo, estar presentes.

El Método Symbol

Una de las claves de la digestión emocional es un ejercicio básico que utilizamos con el Método Symbol. Es el siguiente:

Identifica tus deseos y necesidades en tres aspectos:

1. Físico/material/corporal.
2. Mental/cognitivo/pensamientos y creencias/aprendizajes.
3. Emocional/relacional/vincular/afectivo.

Es gracias a que podemos contactar con nuestros deseos y necesidades como logramos acercarnos a la digestión emocional y capitanear el barco de nuestra vida.

• Ahora bien, para ello es vital entender y reconocer que nuestras necesidades son diferentes de las necesidades de nuestros hijos y de las de nuestra pareja.

• Y, de hecho, más importante todavía es reconocer que nuestros deseos son diferentes a sus deseos, y esto es algo especialmente relevante, sobre todo en relación con los hijos.

Con nuestros hijos tenemos que ser capaces de identificar sus necesidades y sus deseos.

Como padres, nuestro deber es dar respuesta a sus necesidades, pero también asumir que no siempre van a coincidir con sus deseos.

Repito: como padres **cubrimos necesidades, no deseos.**

Debemos conocer sus deseos, pero muchas veces lo que van a necesitar es, precisamente, que no se dé respuesta material a estos: el simple hecho de nombrar sus deseos y permitirles satisfacerlos en su imaginación hace que el niño se sienta reconocido y aprenda a digerir la frustración y la realidad tal y como es.

Se trata, en suma, y como dice esa máxima tan conocida, de **aceptar lo que no podemos cambiar y cambiar lo que sí podemos cambiar.**

Gestión emocional y control emocional

Estoy segura de que has oído hablar de la gestión emocional a todas horas y en contextos muy diversos, ya sea en colegios, redes sociales, médicos, pequeñas y medianas empresas, multinacionales... ¿Y qué sucede con ella?, ¿acaso no está bien?

Sí, por supuesto, la gestión emocional es un paso más allá del control, pero todavía queda un poco impostado. A veces aprendemos técnicas de comunicación y nos creemos que tenemos digeridas las emociones y de pronto nos sorprendemos actuando de forma reactiva en el momento menos esperado.

En muchas ocasiones son necesarios tanto el control como la gestión. Es preciso que ambos actúen conjuntamente.

En sí, el control no es malo, pero no es suficiente. Con frecuencia, el impacto emocional por algo que haya sucedido es tan grande que es preciso pasar por el control y quedarse en la gestión durante un tiempo.

Desde este punto de vista podríamos considerar el control como una parte del proceso. En ese mismo proceso, entonces, **gestionar sería ir un paso más allá del control.** Por otra parte, hacer gestiones no deja de ser cambiar algo de un lugar a otro. Por ejemplo, sucede así con el dinero: tengo dinero en efectivo y lo meto en el banco, y ya sabemos que, según qué tipo de gestión haga en el banco, esta gestión traerá consigo una comisión o cierto tipo de interés. Todos estamos familiarizados con los extras incluidos en la gestión de los bancos con nuestro dinero, ¿verdad? Pues lo mismo ocurre con la gestión de las emociones: a veces se desplazan las emociones más intensas y primarias a otro lugar y, a menudo, pagamos una comisión extra por ello.

Se puede ser más o menos consciente de estos desplazamientos y proyecciones emocionales. Pondré varios ejemplos:

- La ira y el dolor por la muerte de un ser querido pueden desplazarse al equipo médico que lo atendió, o incluso a su aseguradora médica.
- Las tensiones y las frustraciones con la pareja pueden desplazarse a los hijos, al fútbol, a los compañeros de trabajo…
- Las emociones no digeridas con papá pueden desplazarse a figuras de autoridad o a determinados movimientos políticos.
- Las dificultades de identificación o de arraigo pueden ir proyectadas hacia movimientos sociopolíticos…

A modo de ejercicio práctico, os animo a identificar vuestros deseos y necesidades personales dividiéndolas, como acabamos de ver, en tres áreas:

Área física
Área mental
Área emocional

Un consejo: se trata de que seamos honestos con nosotros mismos para conectar con lo que deseamos y necesitamos realmente, sin pasarlo por el filtro del juez de nuestras mentes, sin condicionar nuestros deseos o necesidades a lo que creemos que es posible o políticamente correcto.

A continuación, podemos dar un paso más allá y conectar con nuestros deseos y necesidades, ya sea como mujer, madre y amante, o bien como hombre, padre y amante.

Después, **también podemos animar a nuestros hijos a hacer lo mismo, ellos como niños o adolescentes, hijos y hermanos.** En este último caso es importante que nosotros, mamás y papás, podamos escuchar **con los oídos del corazón** sus necesidades y deseos sin olvidar que son seres **diferentes y diferenciados** de nosotros.

Para este proceso puede ser útil este cuadro que nos ayudará a identificar **deseos** y **necesidades:**

Físico/material/ corporal		Mental/cognitivo/ pensamientos		Emocional/relaciones/ afectivo	
Deseo	Necesidad	Deseo	Necesidad	Deseo	Necesidad

Más allá de la gestión emocional

Después de mucho tiempo hablando y trabajando con la gestión emocional, llegó un día en que el concepto se me quedó pequeño, como un campo que veía demasiado limitado. Sentí que esto me ocurría al trabajar con personas que habían vivido bocados de realidad de muy difícil digestión, lo que me hizo comprender que, en sus casos, **la gestión no era suficiente para retomar la vida con felicidad** ni tampoco bastaba para vivir el proceso de digestión del duelo con serenidad y altas dosis de paz interior.

Comprendí que todas las personas que he visto que han vuelto a disfrutar de la vida tras una experiencia vital de gran impacto han hecho **algo más que gestionar sus emociones:** todos ellos las han **trascendido** y **transmutado**, todos ellos **han crecido y se han nutrido de su experiencia.**

Todos ellos, además, **han soltado lo que no necesitaban.**

Una mujer cuyo hijo mayor falleció de forma súbita me dijo algo que no olvidaré:

Después de la muerte de mi hijo soy mejor persona. Vivir el proceso de duelo y superarlo, si se puede llamar así, es una decisión personal. Empecé a avanzar cuando dejé de hacerme preguntas que nunca tendrán respuesta.

Años después, colaboraba conmigo ayudando a otras madres y padres que vivían esta terrible realidad. Siempre he pensado que sus palabras describen perfectamente lo que implica la digestión emocional en un proceso de duelo.

Hay dos claves para saber si se está produciendo esa digestión:

1. **Existe crecimiento** (absorción, asimilación, regeneración).
2. **Se debe dejar ir lo que no aporta valor** (eliminación, evacuación).

– Esta madre revela que, tras esa terrible experiencia, hoy es mejor persona: hubo crecimiento.
– También que decidió dejar de hacerse preguntas: eliminó la tortura de su mente, dejó ir lo que no le aportaba valor.

El final de todo proceso digestivo es evacuar, defecar... cagar, por mejor o peor que nos suene esta palabra. Socialmente, nos parece feo hablar de heces o de desechos. Pero, amigo, si te duele la tripa, cualquier especialista del aparato digestivo, cualquier nutricionista o médico de familia, te va a preguntar por tus excrementos.

Después, el especialista en cuestión sacará hipótesis o conclusiones sobre tu estado de salud en función de la textura, el color, el hedor, la frecuencia y la densidad de tus deposiciones. Según sean, podrá intuir tu grado de asimilación y absorción y, por tanto, la calidad de tu nutrición, de la cual, a su vez, dependerá la regeneración de las células de todo tu organismo.

De este proceso, si hablamos de un niño, dependerá la calidad de su crecimiento, y a partir de determinada edad, este mismo ciclo influirá en la celeridad del proceso de envejecimiento de todos nosotros.

Eliminar lo que no nos nutre y se convierte en producto de desecho es imprescindible para preservar la vida.

No se trata de ninguna banalidad: en el ámbito puramente físico todos los médicos saben que se puede llegar a la muerte por obstrucción del tránsito intestinal.

Nuestra mente nos bloquea

Pero no estamos hablando de nuestro cuerpo, sino de nuestras emociones: **¿cómo bloqueamos la eliminación de nuestros residuos tóxicos emocionales?**

Provocamos esta obstrucción, fundamentalmente, con nuestra mente, a través de nuestros pensamientos, creencias, recuerdos y proyecciones futuras.

Nuestro cerebro es rápido y veloz, su naturaleza es bombear pensamientos y nos lleva al pasado o al futuro en cues-

tión de segundos. Con estos viajes en el tiempo alimentamos las emociones: el miedo, la ira, la culpa y el sufrimiento.

El dolor no es igual que el sufrimiento. Para atravesar y trascender el duelo hay que permitirse vivir el dolor. **El dolor se vive en el presente**; el sufrimiento, en cambio, es una construcción mental que **evoca un pasado doloroso** y **teme la reproducción de un futuro similar.**

Fui consciente de estas diferencias, así como de los procesos de digestión emocional, a través de mis experiencias en los llamados acompañamientos de primeros auxilios, y también en los acompañamientos en duelos de gran impacto. Estuve junto a padres que, en cuestión de horas, veían morir a sus hijos, o que esperaban un milagro a los pies de sus camas en la UCI. También acompañé a maridos, mujeres e hijos que velaban en un tanatorio sin saber muy bien qué les había llevado a estar allí de un día para otro, rodeados de gente y con lágrimas en los ojos. Fue allí donde crecí y aprendí.

Fue una gran oportunidad que me permitió ligar mi experiencia personal, mi formación y mi esencia en una misión que considero sagrada y que me llevó de acompañar a mamás y papás de bebés prematuros a hacerlo, poco después, en la prematura muerte de un padre o de un hijo. Estuve allí donde se unen la fortaleza y la fragilidad de la dimensión humana, en ese momento en que se nos hace presente la fugacidad de la vida física, y allí donde nos reta la certeza de la muerte.

En mi primer e improvisado acompañamiento en primeros auxilios asistí a una joven pareja con la que estuve desde el colegio hasta el fatal desenlace, la muerte de su pequeño de tres años en el servicio de urgencias de un hospital público. Allí controlé mis emociones frente al primer impacto. Gracias a ello pude gestionar el acompañamiento a los padres y el resto de la familia y pude coordinarme con pediatras, psiquiatra, enfermeras y auxiliares, así como realizar la contención y comunicación a los padres y, después, a los profesores de la escuela y, más tarde, asesorar a los jefes y compañeros de trabajo. En todo ese proceso pude y necesité controlar y gestionar. Pero la digestión no vino hasta tiempo después; a veces siento que aún digiero momentos de aquella mañana de junio.

Transformar y trasmutar mis emociones en un proyecto de ayuda en situaciones de duelo con niños y adolescentes implicados me llevó a promover una fundación y, también, tanto a mí como a mis compañeros, a sembrar semillas que brotaron al margen de la misma. No supimos gestionar la parte empresarial y financiera, pero sí pudimos realizar acciones que pusieron algo de luz sobre el tabú social respecto al final de vida y el lugar de los menores y dependientes frente a la realidad de la muerte.

También atendimos a muchas familias. Las acompañamos en el momento del primer impacto, en procesos de fallecimiento y de duelo anticipado, ofrecimos asesoramiento en la comunicación a menores y a personas dependientes y acompañamos en tanatorios y en el posterior proceso de duelo.

Aquí va mi infinito agradecimiento a todas esas familias y personas que confiaron en nosotros en el momento más vulnerable de sus vidas. Con vosotros crecí y me conecté con mi esencia. Gracias, gracias, gracias.

Esta es mi historia, la historia personal y profesional de cómo comprendí la importancia y el valor de la digestión emocional, pero también una historia de profundo agradecimiento.

A modo de resumen

Conceptos clave sobre la digestión emocional

• Es un proceso que requiere tiempo.
• Implica:
 — Triturar
 — Asimilar

- Absorber
- Nutrir
- Crecer
· También implica los procesos de:
- Alquimia
- Selección
- Evacuación
· La **evacuación emocional** es tarea de la mente (pensamientos, creencias y recuerdos nos llevan al pasado y al futuro impidiendo estar en el presente y, a menudo, alimentando el sufrimiento).
· **Control y gestión** pueden ser parte del proceso y ayudan en las primeras fases:
- Control: Externo. No hay alineamiento entre lo que pienso, siento, digo y hago.
- Gestión:
  - Desplazamiento a otro objeto de las emociones.
  - Cobro de «comisiones».
· **Bocados de realidad**:
- Son las experiencias y las vivencias cotidianas.
- Causan emociones, pensamientos y creencias.
- Pueden ser más o menos digestivos.
- Su digestión depende de:
  - Sus propias características: no se digiere igual la muerte de un ser querido que la pérdida de un reloj; no se digiere igual un chuletón que una manzana.
  - Características y condiciones del sistema digestivo emocional de la persona en el momento del impacto:
    - Estrategias de afrontamiento: inteligencia emocional
    - Personalidad

- Apoyo social
- Edad
- Momento vital

Primeros pasos para ayudar a tus hijos a digerir emociones

1. Reconoce a tu hijo como un ser diferente y diferenciado de ti.
2. Identifica, sin juzgar, tus deseos y necesidades físicas, emocionales y mentales:
   - Primero en general
   - Luego desglosa: como hombre/mujer, como padre/madre y como amante
3. Facilita que tu hijo identifique, sin juzgarlo, sus deseos y necesidades físicos, emocionales y mentales.
4. Permite que tu hijo tenga espacios donde experimentar frustraciones, a través del juego y su círculo social.
5. Recuerda que, como padre, debes satisfacer sus NECESIDADES, no sus deseos.
6. Nombrar sus deseos permite a tu hijo sentirse reconocido y le facilita aceptar la realidad tal y como es.
7. Recuerda: se limita la conducta, NO se censura la emoción.

Para saber más
* Libros, artículos y entrevistas de Daniel Goleman, pionero en la divulgación del concepto de inteligencia emocional.
* *El cerebro del niño explicado a los padres*, de Álvaro Bilbao, Plataforma Editorial.

2

¿Por qué es necesario digerir las emociones?

Digestión emocional de calidad = Calidad de vida

Como padres, todos deseamos tres cosas para nuestros hijos:

- que estén sanos,
- que sean autónomos,
- que sean felices.

> De la calidad de su digestión emocional va a depender la calidad de su felicidad, la calidad de su paz interior y por ende, la calidad de su vida.

Lo que yo entiendo por felicidad es un estado interior tendente a la serenidad y al equilibrio interior. «Tendente» quiere decir que se trata de un estado con tendencia a algo, lo que implica asumir el hecho de que la felicidad está **en constante movimiento**, es un estado dinámico, no estático.

También debemos asumir y aceptar como realidad que **la felicidad es un estado interior**. Por lo tanto, depende de nosotros, es nuestra responsabilidad y, básicamente, **depende de nuestra capacidad de conectar con lo que somos**.

Por esto es importante que acompañemos a nuestros hijos en el proceso de hacerse responsables de sí mismos para descubrir quiénes son. Porque no queremos robots que cumplan órdenes de otros sin más, ¿verdad?

Estar contento y ser feliz no es lo mismo. De hecho, tenemos la fortuna de que, en nuestra lengua, somos capaces de expresar y observar esto con claridad. Podemos decir «yo soy feliz», pero no es correcto decir «yo soy contento» sino «yo estoy contento». En cambio, sí podemos expresar «yo estoy feliz».

Pues bien, para mí esta sigue siendo la cuestión clave de nuestra tendencia a la felicidad: se trata de **conectar con el ser**, de elegir ser en lugar de no ser.

Por esto es tan importante que los padres hagamos nuestro trabajo personal previo y permitamos a nuestros hijos SER quienes ellos son y no quienes nosotros deseamos que sean.

Permitir que emerja y se despliegue su SER no quiere decir no educar ni dejar de poner límites, pues es básico que existan límites, hábitos, normas y responsabilidades a la hora de acompañar a nuestros hijos en el descubrimiento de sí mismos.

Debemos, por tanto, conocer sus características y crear un marco que permita que sus capacidades se conviertan en talentos.

Permitirles a nuestros hijos SER consiste en aceptar sus tendencias reactivas y facilitarles estrategias para que no les frenen en sus propósitos y en sus vínculos.

Felicidad y placer: luces y sombras

El ser humano ha confundido la búsqueda de la felicidad con el encuentro momentáneo con el placer. Aparentemente, estamos en constante búsqueda de la felicidad, pero, en realidad, se buscan sensaciones y placer inmediato. La felicidad, en cambio, implica compromiso y responsabilidad.

La pregunta que debemos hacernos con respecto a nosotros mismos y nuestros hijos es la siguiente: ¿queremos ser felices? Y respecto a ellos, ¿qué queremos?: ¿que estén felices o contentos? ¿Aspiramos a que sean felices o a que estén contentos y «no molesten»?

Si la respuesta es «sí, quiero ser feliz, y quiero un hijo feliz», os invito a seguir leyendo para tomar las riendas de vuestras vidas y de vuestra parentalidad y atender necesidades antes que deseos.

El camino para lograrlo pasa por:

- Adquirir un alto grado de compromiso con nosotros mismos.
- Ayudar a nuestros hijos a asumir las consecuencias de sus acciones.
- Asumir el cien por cien de responsabilidad de nuestras vidas.

Ser padres es un desafío brutal, nos coloca frente al espejo de lo que realmente somos y, además, abre la ventana para que se ventilen viejas heridas infantiles y adolescentes. Ser padre despierta las emociones más básicas y primitivas de un ser humano. Conectar con nuestra esencia, con lo que verdaderamente somos, supone un reto, un recorrido hacia el centro de nuestro corazón, donde encontraremos luces, y también sombras.

Las sombras están siempre con nosotros, y sucede que cuando estamos en la noche no las vemos y podemos engañarnos fingiendo que no existen. El mundo de la noche está cargado de estímulos para mantenernos contentos, sacarnos de nuestros ser y disfrutar del placer inmediato. Sí, la noche es divertida, pero termina al amanecer. La salida del sol comienza con unos colores preciosos, un sol suave que se torna poco a poco más poderoso y, antes o después, nos coloca frente a la tesitura de mostrarnos nuestras sombras, porque estas se hacen visibles cuanta más luz hay. De hecho, si disfrutamos del amanecer tras una larga noche de fiesta y estímulos nocturnos, no tardaremos en necesitar nuestras gafas de sol para soportar la luz, mientras que si disfrutamos del amanecer tras un descanso reparador que nos reconecta con nosotros mismos, la experiencia frente al despertar del sol se tornará muy diferente.

Mi reto, mi propuesta, es que **integremos nuestra luz y nuestras sombras** para que así dejemos de estar contentos solo a ratos, para que vivamos desde nuestra verdadera identidad, desde nuestra esencia, desde nuestro ser.

La vida, antes o después, nos preguntará qué elegimos: ¿ser o no ser? Ser la manifestación de nuestra esencia nos brinda la oportunidad de disfrutar de nuestra vida con plenitud. **Y, para que facilitemos a nuestros hijos SER, primero debemos permitirnos SER nosotros.**

> Vivir una vida de calidad, con tendencia a la felicidad y a la paz interior, es posible y es nuestro derecho de nacimiento. También es el derecho de nacimiento de nuestros hijos, que no han venido a este mundo a ser una proyección de nosotros, sino a ser ellos mismos.

Sin embargo, a veces olvidamos que los derechos implican responsabilidades y obligaciones, y otras caemos en la fantasía de la perfección y de la omnipotencia. Anhelamos un estado de nirvana y felicidad permanente: **tenemos que encender nuestra luz interior para ver nuestra verdadera identidad.**

Cuando ponemos una cerilla encendida frente a una pared podemos observar que el fuego de la cerilla no tiene sombra. **Es una realidad: la luz permite ver las sombras, pero la luz, en sí misma, no tiene sombra.**

Con nosotros sucede lo mismo: hay una parte de nosotros que, si se enciende, no tiene sombra. Pero es nuestra tarea encenderla y apagarla, depende de nosotros.

Como padres, también tenemos que aceptar que, cuando van creciendo, nuestros hijos van tomando sus decisiones. Un día ellos serán los que tendrán que elegir encender su luz. Y, cuando lo hagan, tendremos que aceptar si optan por encender una vela, una luz blanca, una led…

No podemos negar que ambas realidades residen en nosotros y en nuestros hijos: la luz y la oscuridad. Encender nuestro fuego y nuestra luz interior es nuestra decisión. Si decidimos encenderla, será nuestra responsabilidad mantener la llama activa y viva: una llama constante que nos ilumine y nos permita ver sus sombras, y que no arrase quemando y destrozando el resto.

Nuestra tarea es facilitar herramientas y dejar la mecha en condiciones para que ellos la prendan, y tras esto será su responsabilidad encenderla, mantenerla y cuidarla.

Esa luz interior es tan frágil como poderosa, y una vez que se enciende no se termina la tarea. También, por supuesto, es más grande el desafío de mantener la llama encendida cuando vienen tempestades y tormentas propias de los cambios de estación.

El desafío del cambio

Lo primero que tenemos que aceptar para vivir en la felicidad es la única ley permanente y universal: la ley del cambio. La vida es cambio. El cambio es lo único constante. Decía Heráclito que «No te bañarás dos veces en el mismo río», y tenía razón.

Además, siempre que hay cambio hay una pérdida, y si hay una pérdida, habrá un duelo.

Freud nos hablaba del principio del placer y del principio de realidad, el tránsito de un principio al otro es un hito vital importantísimo. Podemos ver cómo nos relacionamos con el principio de realidad valorando cómo toleramos la frustración, que es, ni más ni menos, gestionar y digerir emociones.

Estar contento y estar triste son estados temporales, dependientes de circunstancias y estímulos externos creados a partir de bocados de realidad, de vivencias y experiencias. Los bocados de realidad pueden ser deliciosos, saludables, nutritivos, ligeros... Pero también densos e indigestos.

Parece una incongruencia, pero se puede ser feliz y, al mismo tiempo, estar triste, asustado o enfadado. Esto es posible si entendemos la felicidad como **una tendencia a la serenidad y a la paz interior, no como simple euforia y alegría.** Se puede, en suma, aceptar la realidad dual y ambivalente de los vínculos y de la vida.

Es cierto que hay bocados terriblemente indigestos, como la muerte de un hijo. Evidentemente, en un momento así el dolor y el desgarro inundan el alma y la tristeza es profunda. Sin embargo, es importante ser consciente de que el dolor se puede atravesar con más o menos serenidad y paz interior, pero no debemos negarlo.

No podemos crear un mundo donde nuestros hijos no vayan a vivir duelos y frustraciones, **no es real.** Por eso, desde niños es importante mostrar la diferencia entre deseo y necesidad, así como entre lo ideal y lo real.

La base de su felicidad futura depende de cuatro cosas:

- gestión de la frustración,
- desarrollo de sus capacidades,
- capacidad de elegir,
- estrategias de comunicación.

> Cuanto mayor es la conexión con nuestra esencia y nuestra aceptación de la ley universal del cambio, y mejores son nuestras estrategias para tolerar la frustración, mayor es nuestra capacidad para vivir con serenidad y seguir conectado a nosotros mismos a la hora de afrontar los bocados indigestos de la vida.

El proceso del duelo

Si algo aprendí acompañando a padres y madres en el proceso del duelo es que se requiere **tiempo**. Se trata de un plato de realidad que le exige un extra a nuestro sistema digestivo emocional, y es tan sumamente denso que implica a todos nuestros cuerpos: nuestro cuerpo físico, mental, emocional y hasta el espiritual.

Sea cual sea el desarrollo espiritual o las creencias religiosas de cada persona, el duelo resulta terrible y es un proceso que ha de vivirse con mayor o menor intensidad, con más o menos serenidad, pero que siempre debe transitarse de manera que se atraviese el dolor.

No es lo mismo el desarrollo espiritual que las creencias religiosas, y sucede en este trance que las creencias religiosas desligadas de la experiencia de desarrollo espiritual pueden impedir que la persona transite su duelo, haciendo más difícil, a veces imposibilitándole que lo digiera porque no se permiten sentir y vivir la intensidad de emociones y pensamientos que afloran en ella.

El desarrollo espiritual no implica tanto las creencias ni la mente, sino más una experiencia de conexión y unión con nosotros mismos, con nuestra esencia y con nuestra alma para, desde ahí, poder entrar en comunión con la vida. En este caso, el trance de la separación física definitiva con un ser querido es menos doloroso.

Una vez que hemos aceptado que la vida es cambio, podemos pasar al siguiente paso: asumir el cien por cien de la responsabilidad en nuestra vida. Ahora bien, dirás, ¿qué responsabilidad tengo yo en la muerte de mi hijo? ¿Esto no me lleva a sentirme culpable y deprimido de por vida?

Asumir la responsabilidad implica aceptar lo que no podemos cambiar y no depende de nosotros, y cambiar lo que sí podemos cambiar y depende de nosotros. **A veces, lo único que podemos cambiar es cómo nos relacionamos con nuestras emociones, pensamientos y creencias.**

- Dar un sentido y tener un propósito, un deseo, nos conecta con la vida y con nosotros, nos hace capaces de trascender las situaciones más extremas con más estrategias.
- Sublimar el dolor y transmutarlo en un sentimiento o actividad al servicio de la comunidad y de la vida nos mantiene conectados con nuestra verdadera identidad.

- Pero también podría ser al revés: conectar con nuestra verdadera identidad nos facilita sublimar y transmutar el dolor.

Por esto es importante ayudar a nuestros hijos a marcarse **pequeños retos** y **propósitos diarios**. Sus propósitos deben ser:

- concretos,
- bien definidos,
- con proyección a corto o medio plazo.

La resiliencia y cómo fomentarla en nuestros hijos

Todos hemos oído hablar del concepto de resiliencia: consiste en desplegar todo un arsenal de estrategias a favor de la vida y de la digestión emocional de platos extremos sin un contexto externo que proporcione este acompañamiento interno.

No obstante, la resiliencia se puede educar y desarrollar. ¿Cómo podemos enseñar a nuestros hijos a hacerlo?

- Acompañándolos en sus responsabilidades, pero no resolviéndolas nosotros por ellos.
- Permitiendo que asuman las consecuencias de sus acciones.
- Acompañándolos en el sentir de sus emociones derivadas de sus acciones.

- Nombrando las emociones y permitiendo que las sientan con nosotros.

El desarrollo de las estrategias de afrontamiento de nuestros hijos viene de la mano del vínculo que han desarrollado con nosotros, del despliegue de la función simbólica y del desarrollo de sinapsis (conexiones entre neuronas) dentro de su sistema nervioso.

Si, además, por temperamento, nuestros hijos tienden a ser resilientes... ¡¡¡Mucho mejor!!!

Eso les permitirá digerir sus emociones con mucha más facilidad y, probablemente, ser unos buenos acompañantes emocionales en el futuro.

A modo de resumen

Vamos a sintetizar y ordenar un poco las ideas de este capítulo con una serie de preguntas y respuestas:

¿Para qué necesitamos, padres e hijos, digerir emocionalmente?

Para ser felices.

¿Qué es ser feliz?

Vivir en conexión con tu verdadera identidad a través de la coherencia y el alineamiento entre lo que sientes, piensas y haces.

¿Cómo se manifiesta la felicidad en la vida cotidiana?

A partir de vivir los retos de la vida con mayor paz y serenidad interior.

¿Es la felicidad un estado permanente?

No. Es una tendencia del ser.

¿Es lo mismo ser feliz que estar contento?

No: ser feliz es una tendencia y un estado interior. Estar contento es una reacción a estímulos exteriores.

¿Cómo podemos acercarnos a la conexión con nosotros mismos? ¿Cómo ayudar a que nuestros hijos conecten con ellos mismos?

Si estamos más aproximados a la conexión con nosotros, es más fácil que podamos acompañar a nuestros hijos en el proceso de conexión consigo mismos. Nos conectaremos con nosotros mismos:

• Identificando deseos y necesidades en las tres áreas primordiales de la vida: física, mental y emocional.

• Aceptando lo que no se puede cambiar y no depende de nosotros. Soltándolo, dejándolo ir.

• Cambiando lo que sí podemos cambiar y depende de nosotros.

• Asumiendo el cien por cien de la responsabilidad de lo que sí depende de nosotros.

Ahora que ya nos hemos aproximado a la conexión con nuestro propio yo, será más sencillo que acompañemos a nuestros hijos en sus propios procesos de conexión, porque podremos ayudarlos a:

• identificar sus deseos y necesidades,

• aceptar lo que no pueden cambiar,

• cambiar lo que sí pueden cambiar,

• asumir el cien por cien de la responsabilidad de lo que sí depende de ellos.

Para saber más

* Puede resultar muy interesante bucear en la logoterapia de Viktor Frankl a través de su libro *El hombre en busca de sentido*, Ed. Herder.

3.
¿Qué necesitamos para digerir las emociones?

Cómo funciona el proceso de la digestión emocional

Al inicio del libro he explicado que, al principio, cuando nuestros hijos nacen, las madres y los padres trituramos las emociones para nuestros bebés, pero a medida que estos van creciendo van desarrollando su función simbólica, su lenguaje y su capacidad de digestión emocional.

Lo primero que se necesita para digerir las emociones es desarrollar las enzimas emocionales. Así como las enzimas digestivas se encargan de romper y descomponer los alimentos para que sea más fácil su absorción y digestión, las enzimas emocionales hacen lo propio con las emociones derivadas de nuestra realidad. Son, fundamentalmente, dos:

- la respiración y
- la palabra (también, como veremos, el juego y el dibujo).

¿Cómo se realiza la digestión emocional?

O, dicho de otro modo: ¿cómo hacer que los bocados de realidad se trasformen en alimento del alma?

Al igual que el alimento atraviesa un proceso hasta que se convierte en nuestra sangre y luego en nuestras células, los bocados de realidad, las vivencias y las experiencias, generan unas emociones que también requieren un proceso de transformación, de alquimia. Ambos procesos digestivos, el físico y el emocional, implican:

- funciones automáticas y no conscientes,
- funciones y acciones conscientes, dirigidas por nosotros.

1. Masticar

En la digestión física, para transformar un bocado de alimento en parte de nosotros y nutrirnos, primero masticamos. Masticar es un acto consciente. Al masticar, el alimento se mezcla en la boca con la saliva y aquí entra en juego nuestra primera enzima digestiva: la tiamina. Gracias a la masticación y su fusión con la tiamina, el trozo de comida se va convirtiendo en el bolo alimenticio. Masticar también facilita que podamos tragar después.

Nuestra primera enzima emocional en la digestión emocional es nombrar lo más concreto, lo más tangible, lo real. Describir, poner en palabras las emociones: «Llamar a las cosas por su nombre».

Así, por ejemplo, esa primera enzima emocional sería,

con nuestros hijos, ayudarlos poniendo nombre a la emoción que percibimos en ellos.

Imagina que tu hijo quiere quedarse jugando más rato en el parque y tenéis que iros porque antes hay que pasar a comprar. Se enfada, llora, patalea y no quiere caminar. «Me encanta ver que disfrutas tanto del parque y de tus amigos. Ahora estás muy enfadado. Ojalá tuviésemos la compra hecha y pudieras estar un rato más.»

No es inmediato, puede seguir enfadado. Insistimos: «A veces tenemos que hacer cosas que no son las que nos apetecen. Menos mal que los enfados se pasan».

¿Qué estamos haciendo con nuestras palabras?

- Reconocemos la emoción, nombrándola. Con esto también lo reconocemos a él.
- Le transmitimos que el enfado es temporal.
- Reconocemos su deseo al nombrar lo que le gustaría hacer y que nos gusta verle disfrutar.

Le estamos ayudando a:

- dar nombre a la emoción,
- identificar sus deseos,
- identificar sus necesidades,
- aceptar la realidad y tolerar la frustración.

Es posible que nos lo llevemos enfadado. Recordemos, esto no es una receta mágica y la frustración se expresa con enfado y lágrimas. Podemos darle opciones. «Puedes elegir venir enfadado o contento, también puedes ir pensando a qué jugar cuando lleguemos a casa después de comprar.»

NUNCA vamos a amenazar con marcharnos sin él si no quiere y está enfadado.

«Si eliges seguir enfadado, es tu opción. Pero no nos podemos quedar más y no voy a dejarte solito en el parque. Vamos.»

Nombrar, poner nombre, es muy importante: se aprende un idioma porque se van nombrando objetos, acciones... Pues bien, el idioma emocional se aprende igual: nombrando; escuchando y observando lo que se nombra repetidas veces.

> Nombrar y describir lo concreto y objetivo es empezar a masticar el bocado de realidad.

Cuando algo es nombrado, implica que existe y que empieza a ser potencialmente digestivo, nuestra sabiduría popular lo sabe, y de ahí el dicho de «Esto no tiene nombre», una expresión que utilizamos cuando algo es difícil de aceptar, costoso de digerir, del mismo modo que, también, cuando ha fallecido alguien con frecuencia se evita nombrar su muerte y, para ello, se recurre a eufemismos: «Desde que pasó aquello...», «Cuando ocurrió lo de X...».

Masticar es imprescindible, pero no podemos hacerlo eternamente. Eso sería quedarnos en lo que en psicología llamamos «rumiaciones» o «pensamientos obsesivos y circulares»: son palabras, pero vacías, en las que la representación no está ligada al afecto y, por tanto, en vez de nutrir, **intoxica**. Hay que pasar al siguiente paso.

2. Tragar

Tragar implica una decisión, una voluntad consciente. Todos podemos evocar esa imagen del niño al que no le gusta el plato que mamá le puso y al que la comida «se le hace bola». La bola serían las rumiaciones.

> El acto de tragar ya implica una elección más o menos consciente.

Es cierto que a veces el impacto de la realidad es tan excesivo que las circunstancias obligan a tragar sin antes haber masticado, pero, por lo general, emocionalmente, el hecho de tragar debe implicar una voluntad consciente de avanzar.

En una primera fase del duelo por la muerte repentina de su hijo, una madre me confesaba: «No me da la gana de aceptar su muerte. No quiero aceptarlo».

Esta mujer estaba nombrando la muerte de su hijo, y aunque dijera que no quería hacerlo, en su proceso interno ya estaba mirando de frente la realidad. En estos casos no podemos forzar ni empujar a nadie a dar más pasos, únicamente podemos acompañar nombrando y describiendo la emoción, por ejemplo, con frases del tipo: «Cuesta creer que un niño tan pequeño pueda morir. No hay palabras para describir lo que estás viviendo. No puedo ni imaginar el dolor tan inmenso…».

Una consulta cada vez más frecuente es:

¿Cómo transmitir a nuestros hijos que nos vamos a separar?

Esta situación es una realidad que NO depende de ellos, pero que les afecta directamente y NO la pueden cambiar. Sí o sí, hay que tragarse la decisión del sistema parental (papá y mamá) sobre su sistema marital (relación de pareja).

«Mamá y papá ya no vamos a seguir siendo "novios" y no vamos a seguir viviendo todos juntos en esta casa. (Se les explica cómo va a ser a partir de ahora.) Aunque no nos veamos todos juntos, seguimos siendo vuestro papá y vuestra mamá. Cuando quisimos tener hijos no pensábamos que esto pasaría. A veces las cosas no se pueden arreglar y lo mejor es tomar esta decisión, aunque duela… Sobre todo, es importante que sepáis que vosotros NO tenéis la culpa de que mamá y papá ya no sigan queriéndose como novios.»

A los hijos hay que transmitirles que ellos no son los responsables de nuestra separación. Es cierto que el impacto de ser padres afecta de lleno a la pareja, pero no es culpa de los hijos. El lugar desde el cual construimos nuestras relaciones es nuestra responsabilidad como adultos.

También hay que mostrar la realidad, no decorarlas y decir que van a estar fenomenal, que van tener dos casas y que no pasa nada. Sí pasa algo, y además muy importante para todos los implicados.

Es cierto que no hay que dilatar una relación de pareja que no funciona o que es tóxica, en ese caso lo mejor es separarse. Lo mejor no siempre es lo ideal. El escenario ideal para los hijos es que papá y mamá, además, sean pareja. Pero aquí hablamos del mundo real, donde sí o sí toca tolerar la frustración. Por eso es bueno que nosotros aceptemos lo real y no pretendamos ofrecerlo como lo ideal. El mundo real es dual y siempre podemos hacer palanca en lo que nos nutre y nos hace crecer.

3. Recorrido de la boca al estómago a través del esófago

Hemos masticado y comenzado el proceso de la deglución, ya estamos tragando: el bolo alimenticio rudimentario continúa su recorrido desde la boca, a través del esófago hasta llegar al estómago, tras cruzar la compuerta del cardias. Este proceso es inconsciente y automático. Cuanto mejor es la masticación, más sencillo es el devenir del proceso.

Cuando no se puede masticar lo que hacemos es triturar externamente. Así, por ejemplo, en el caso de quienes no pueden hacerlo proporcionamos una ayuda exterior para que el bebé, el enfermo o el abuelo puedan nutrirse. Esto es también lo que hacemos en un acompañamiento terapéutico y en psicoterapia con las emociones: **sanar a través de las palabras**.

> **Las palabras son mágicas**. En terapia facilitamos que emerjan las palabras que ayudarán a seguir triturando el bocado de realidad doloroso de tragar.

A veces, nuestra tarea como terapeutas consiste en repetir el discurso del paciente de forma ordenada, para que pueda escucharse y conectar con sus deseos, necesidades y contradicciones. Es como una especie de «traducción simultánea emocional».

También es un proceso que hacemos de forma natural con los buenos amigos: nadie duda del efecto sanador de una buena charla con ellos. Del mismo modo, lo llevamos a cabo inconscientemente con nuestro propio discurso mental. Y, hoy en día, a través de las publicaciones en redes sociales, realizamos una suerte de terapia pública muy similar a la íntima que antiguamente se hacía cuando cada individuo escribía en su diario, un hábito sanísimo que el ser humano ha perdido.

Pero, por supuesto, también son terapéuticos los chistes, el humor, el cine y la música, gracias a los que nos identificamos con personajes e historias que ponen las palabras que, a veces, no podemos decir y que nos sirven para expresar nuestra emoción a través de la risa o el llanto que dejamos aflorar al escuchar una canción o ver una comedia.

- Con nuestros hijos seguimos el mismo proceso: al principio los ayudamos **poniendo nosotros las palabras por ellos** y, poco a poco, vamos dejando espacio para que ellos **vayan aprendiendo a poner las suyas.** Es importante que den este salto, hasta que llegue un momento en que ya no tengamos que decirles tanto lo que vemos, y cómo se llama todo eso, sino que podamos facilitar los **silencios que permitan que ellos hablen.** Una vez más, debemos poner en marcha el eterno juego de presencias y ausencias en equilibrio.

Las palabras, en este proceso, deberán además ir siendo cada vez más **abstractas**, más **simbólicas**, ya no consistirán en una descripción tan objetiva como en la fase anterior.

Es este un proceso que ha de ir haciéndose con la misma sutileza y mimo que los movimientos peristálticos, que dan lugar a la emisión de ácidos y enzimas digestivas que descomponen el alimento en un bolo alimenticio cada vez más líquido y blanquecino. En algo **fácil de digerir**. En algo **que nutre**.

4. *Acceso al intestino delgado (duodeno) a través de la compuerta del píloro*

Se trata de una fase crucial de la digestión: es el momento del **discernimiento**, de la **maduración**, de la **toma de decisiones**.

En el proceso físico, tras decidir lo que queremos absorber y lo que queremos desechar, el intestino delgado absorbe y asimila lo seleccionado para nutrir al resto del cuerpo. Lo que no aporta valor atraviesa la compuerta del píloro para ser enviado al intestino grueso. El resto se absorbe para conformar nuestra sangre y, desde ahí, nuestras células, órganos y sistemas.

En el proceso de digestión emocional realizamos este proceso **decidiendo qué queremos sublimar** y **transformando la experiencia en algo que nos permite crecer y regenerarnos**.

Recuerdo otra de las frases de la joven madre que expresaba su rabia diciendo que no quería aceptar la muerte de su hijo, pero que después reconoció: «Superar el duelo por la muerte de mi hijo fue una decisión personal».

Obviamente, fue un proceso, y resultó largo y doloroso. Con reflujo, porque las compuertas de su cardias estaban debilitadas y su mente demandaba entender algo que no podía ser razonado. La atendí el mismo día del fallecimiento de su hijo. Sentada en su cama, en un descanso de su alma para tomar aliento y seguir llorando, me confesó: «No quiero olvidarlo, pero tampoco quiero hacer un mausoleo de todo esto ni quiero convertirme en una madre sobreprotectora con mis otros hijos. ¿Podrás ayudarme?».

Estas palabras transmiten la decisión y el deseo de poder tragar ese bocado de la mejor forma posible, y en ese mismo instante yo supe en lo más profundo de mi alma que esa mujer saldría adelante.

Después, cuando continuamos el acompañamiento al duelo, ella no recordaba haber dicho aquello. Esto es así porque en momentos extremos sale a flote nuestra esencia y verdadera identidad. Nuestras luces y nuestras sombras.

En cuanto a esa madre, aun con su decisión de tragar y su conciencia de los riesgos de indigestión, hubo momentos en que parecía que no avanzaba. Sin embargo, hoy sonríe a la vida y agradece, a veces con lágrimas en los ojos, haber vivido la experiencia de haber sido madre de aquel pequeño.

• Respecto a nuestros hijos: ¿cómo podemos ayudarlos en esta fase?

Permitiéndoles y facilitándoles elegir. Es importantísimo enseñar a nuestros hijos a ir decidiendo.

Pero **decidir implica también renunciar a algo,** y esto implica a su vez **gestionar la frustración,** implica **un límite.**

Además, elegir ayuda a **asumir responsabilidades,** siempre y cuando permitamos a nuestros hijos también **asumir las consecuencias** subsiguientes, tanto las gratas como las no gratas:

- Con los más pequeños, por ejemplo, si según nuestro criterio decidimos que queremos que coman fruta, podemos empezar dejándoles elegir entre dos diferentes.
- O, si están conmocionados por una emoción, podemos describir su discurso alentando a la elección más saludable.

Por ejemplo: «Te hacía mucha ilusión ir al parque de bolas y estás muy disgustado por no haber ido: puedes seguir enfadado porque no has podido hacer esa actividad, o centrarte en lo que sí puedes hacer hoy en casa, que también te gusta».

5. Del intestino grueso al exterior
Llegados a este punto, en el proceso físico de nuestro cuerpo el intestino grueso absorbe aún un poquito de lo que queda y expulsa el resto, en forma de heces, a través del ano.

En la digestión emocional ya vimos en apartados anteriores que esta función es mental, pero sucede que **el viaje constante de la mente al pasado y al futuro a través del pensamiento nos impide evacuar.**

Esto no debe suceder: **el proceso de evacuación emocional implica soltar y dejar ir. Debemos expulsar los pensamientos**, por eso es un proceso mental.

En realidad, la obstrucción del tránsito emocional es mental.

Lo que nos va a permitir soltar y evacuar va a ser el anclaje en el presente; y lo que nos facilitará este anclaje es **la respiración.**

En la *New Age* del crecimiento personal encontramos constantes alusiones a soltar y a dejar ir. Sí, es fundamental soltar y dejar ir, es vital defecar, pero, para ello, **es imprescindible que haya existido un proceso y una contención previa.**

Desde mi punto de vista, percibo un exceso de mantras de pseudopsicología de bolsillo y de pseudocrecimiento personal que promueven la **tendencia a la incontinencia** cuando, en realidad, **soltar sin contención fomenta una vida exenta de compromiso y responsabilidad.**

En mi opinión, **debemos afrontar el reto de atravesar las sombras mirándonos en el espejo de la frustración.**

> Sin integrar el significado de la experiencia emocional no hay crecimiento ni nutrición integral: no hay elaboración.

El ser humano es una creación perfecta. Poseemos todos los recursos necesarios para atravesar la experiencia humana, ya sean recursos físicos, mentales, emocionales o espirituales. Algunos de estos recursos los tenemos a modo de semilla. Que los desarrollemos dependerá de la conjunción con el ambiente y de las propias decisiones. Es la eterna dicotomía de lo innato/adquirido, natura/cultura...

Vivimos en un mundo dual. El reto de la vida es integrar polaridades. A la vez, aprendemos a partir de opuestos. Yo no creo que prime lo innato frente a lo aprendido. Tampoco creo que lo aprendido prime sobre lo innato. Creo que se trata de una conjunción donde entran infinitas variables, aunque sí sé que **sin digestión emocional no hay desarrollo del talento**, con independencia de la capacidad intelectual que se posea.

Más arriba he hecho alusión a las palabras mágicas... Para mí, **el uso consciente y profundo del lenguaje produce una alquimia interna** y **conecta directamente con nuestro corazón**. Cuando esto ocurre conectamos con nuestra verdadera identidad, y lo que expresamos es auténtico y verdadero.

> **La palabra, desde lo más profundo de su despliegue simbólico, facilita que las representaciones mentales se liguen a los afectos.** Esa fusión descompone el bocado de realidad en un bolo alimenticio de mejor digestión.

El lenguaje es mucho más que el habla, también es mucho más que decodificar códigos lingüísticos. El lenguaje y la comunicación pueden propiciar el encuentro o el desencuentro. Las palabras pueden facilitar la unión o la fragmentación. Las palabras mágicas, al igual que la magia blanca o la magia negra, construyen o destruyen. Porque, como leí hace nada en internet: «Si las palabras hacen crecer a las plantas, imagina lo que pueden llegar a hacer en el ser humano».

4.
Las enzimas emocionales y su funcionamiento

Las enzimas emocionales

A lo largo de todo el proceso digestivo emocional hay dos recursos imprescindibles para realizar la digestión:

- la palabra,
- la respiración.

La palabra y la respiración están en todo el proceso; al comienzo, de forma más inconsciente. La respiración se altera y los pensamientos se disparan. Digerir emocionalmente implica hacer un uso consciente de la respiración y de la palabra. Los niños, además, tienen también a su servicio el **juego** y el **dibujo**.

Hemos hablado de tres cuerpos o tres facetas:

- mental,
- emocional,
- física.

Nuestro objetivo es digerir las emociones, pero nuestra puerta de acceso a las mismas no puede ser a través del cuerpo emocional porque las emociones son como un caballo salvaje o como un adolescente: su tendencia es la reacción inmediata, no media el pensamiento. Por tanto, solo podemos acceder a ellas a través del cuerpo físico y del cuerpo mental.

Desde el cuerpo físico, la respiración nos brinda la oportunidad de **anclarnos en el presente y de desidentificarnos con nuestros pensamientos y creencias.** El cuerpo mental, por su parte, nos permite el **acceso al mundo simbólico y del lenguaje.**

Por tanto, las enzimas emocionales tienen efecto en la dimensión emocional, pero se dan en las otras dos dimensiones:

1. Física, corporal, material: a través de la respiración.
2. Mental, cognitiva, sutil: a través de la palabra.

Conozcamos un poco más acerca de estas dos enzimas mágicas.

La respiración

La respiración nos brinda la vida física, nos viene dada. De hecho, si reparamos en ello, nuestra estancia en nuestro cuerpo humano es el lapso de tiempo transcurrido entre una inhalación y una exhalación.

Como humanos, tenemos el privilegio de poder hacer uso consciente de la respiración. En efecto, hoy en día, con la divulgación de disciplinas como el *mindfulness* y el yoga, es más común que, al menos, uno se pare a pensar en que respira, aunque durante la mayor parte del tiempo que habitamos nuestro cuerpo este lo hace sin que nosotros seamos conscientes de ello.

Desde la tradición yóguica se dice que con la respiración, además del intercambio de gases (O_2 y CO_2), también absorbemos prana, energía vital, chi o qì, que son los nombres que recibe en distintos lugares de Oriente lo que en Occidente podemos comprender como energía vital, ese impulso y fuerza interior que pone en marcha el motor de la actividad coherente entre todos nuestros sistemas: físicos, mentales y emocionales. Según esta tradición, absorbemos nada más y nada menos que el 80 % del prana a través de la respiración. El 20 % restante de la energía la adquirimos de la alimentación, de nuestros pensamientos, relaciones...

En la respiración podemos observar, una vez más, ese baile entre dar y recibir, entre contención y expulsión. Se vuelve a dar el proceso de tomar algo (O_2), contenerlo, absorberlo, nutrirnos y hacerlo parte de nuestro ser, y eliminar el CO_2: expulsar y soltar lo que se tornó tóxico y no se transformó.

El privilegio de la respiración lo compartimos con los otros mamíferos, pero no compartimos con ellos el arte sagrado de la respiración consciente: un perro o un gato no pueden modular su respiración a su voluntad; nosotros sí. Podemos decir, por tanto, que **el uso consciente de la respi-**

ración, al igual que el despliegue simbólico, nos humaniza y nos diferencia de otros animales.

Desde la tradición yóguica tenemos infinitas pautas e indicaciones sobre cómo hacer uso de la respiración para que esté a nuestro servicio físico, mental y emocional. Podemos convertirnos en artistas de la respiración gracias a los infinitos pranayamas que nos ofrece el yoga.

La respiración regula y, a la vez, es regulada por los ciclos cortos. Los ciclos cortos son las emociones.

Todos hemos experimentado cómo nuestra respiración se ha visto afectada cuando hemos vivido un impacto emocional importante, o el hecho de suspirar o que se nos corte la respiración en un momento dado. Una persona durante una crisis de ansiedad o un ataque de pánico incluso puede llegar a hiperventilar, marearse y hasta desmayarse.

Cuando el impacto del bocado de realidad –interna o externa– **es extremo, nuestro cuerpo reacciona fisiológicamente de manera automática e inconsciente.** La emoción generada por la vivencia de ese bocado de realidad afecta directamente a la respiración. Ahora bien, podemos hacer un viaje de vuelta en este recorrido:

> La respiración, manejada conscientemente, nos brinda la oportunidad de tomar las riendas de nuestra esencia y domar las emociones para que estén a nuestro servicio, a favor de la vida, del crecimiento y del desarrollo personal.

Imagino que debe de ser similar a practicar la doma de un caballo salvaje. Mientras está sin domar, puede ser un riesgo y un peligro, pero una vez superado el reto el caballo se torna un fiel compañero y se crea un vínculo especial y eterno.

Para dominar el arte sagrado de la respiración, ante todo debemos conocer cómo funciona y qué interviene en el plano fisiológico en este proceso. En los próximos epígrafes veremos en profundidad la mecánica y la tecnología biológica del arte de la respiración.

A modo de **ejercicio práctico** te invito, simplemente, a observar nuestro patrón de respiración:

- Para ello sentiremos y tomaremos conciencia de cómo respiramos y en qué situaciones notamos que cambia el ritmo o el patrón de nuestra respiración.
- Una vez que hayamos conectado con nuestro patrón de respiración, haremos lo propio con nuestros hijos: buscaremos momentos de «no hacer» con ellos, momentos de sentirse y escucharse. Que vayan percibiendo los cambios de su patrón de respiración y puedan ir regulando ellos su ritmo.
- Se trata de un ejercicio que puede formar parte del ritual de ir a dormir, por ejemplo, antes o después del cuento de buenas noches.

La palabra

Si la respiración permite la vida física, **la palabra y el desarrollo simbólico nos dan acceso a la vida psíquica.**

La enzima mágica, prodigiosa y primordial del mundo emocional es la palabra, que está ligada al desarrollo profundo de la función simbólica. Se trata, por tanto, de la enzima capaz de realizar la alquimia y transmutación de la emoción en sentimiento.

> La palabra nos ayuda a descomponer el bocado de realidad: lo disuelve, tritura, deshace... Pero no de forma fragmentada.

Aunque parezca contradictorio, **la palabra descompone uniendo,** como el cigoto que se va fragmentando en las sucesivas divisiones celulares para dar lugar a la unidad del cuerpo humano que se está gestando.

Con cada división ocurre una alquimia. La palabra transforma la emoción densa en algo más liviano que se puede asimilar y se funde con uno mismo para ya ser parte de él: como la suma de gotas de agua marina hace el mar; como el alimento se transforma en sangre para dar vida a las células, y las células a órganos, y los órganos a los sistemas. Podemos llegar a sentir que todo es uno: la semilla está en el árbol y el árbol está en la semilla.

Pero cuidado: **si la palabra solo tritura, si solo fragmenta y no puede ligarse, NO puede ponerse al servicio del desarrollo y del crecimiento.**

Es como al hacer mayonesa o alioli: tiene que ligarse, si se corta, no hay fusión ni alquimia. El componente psíquico que hace que la palabra ligue y no se corte es **la función simbólica**.

Un loro habla, pero no tiene lenguaje. El salto al *Homo sapiens* vino marcado por el desarrollo de la función simbólica: es una capacidad exclusivamente humana, pero tenemos que desarrollarla.

Igual que los humanos tenemos potencialmente la capacidad de andar cuando nacemos, también tenemos potencialmente la capacidad de desplegar la función simbólica. Se desarrolla por la interacción de factores biológicos, genéticos, innatos, así como de factores ambientales, culturales y vinculares.

La importancia del desarrollo de la palabra en nuestros hijos

Con nuestros hijos, es importante ayudarlos a organizar su pensamiento y nombrar sus emociones. Al final del día, para ello, podemos buscar un momento de tranquilidad y evocar lo que han hecho durante la jornada.

Para ello, podemos ayudarlos con indicadores, es decir, dándoles opciones, pero también dejando el espacio para que ellos se expresen, no hablando solo nosotros.

Unas propuestas para ayudarles a expresarse e ir sentando las bases de nuestra comunicación pueden ser:

- Expresar lo mejor y lo peor del día. (Podemos estructurarlo y acotarlo como queramos. Lo mejor y lo peor de la mañana, lo mejor y lo peor hoy en el cole y en nuestro trabajo…)
- Dar gracias por algo del día y pedir algo que se quiera conseguir. (No juzgamos lo que se agradece ni lo que se pide. Pueden dar gracias porque han comido un chicle o pedir que el colegio se acabe mañana. No lo juzgamos.)

Si les cuesta, podemos ayudarlos recordando situaciones, pero no imponiendo que eso haya sido lo mejor o lo peor ni lo que tengan que pedir o agradecer:

- «Hoy te he visto muy contento al salir del cole, parecía que habías disfrutado con tus amigos o con las clases.»
- «Al irnos del parque hoy estabas muy disgustado. Tal vez quieras pedir que otro día no haya que ir a la compra a esa hora.»

Tal vez no quieran expresarlo en alto, sobre todo conforme van creciendo. No importa, respetamos su intimidad, no insistimos y les decimos que, si necesitan o quieren contarnos algo, estaremos encantados de escucharlos y ayudarlos si está en nuestra mano.

Aunque no lo digan en alto, con este ritual de evocar al final del día lo que conseguiremos es que ellos vayan traduciendo sus emociones e impactos en palabras. Aunque sean internas.

Destaco que nosotros también participamos, no solo son ellos los que expresan algo del día. Los papás y las mamás también, y, al igual que con los hijos, tampoco juzgamos lo que pide nuestra pareja y le gusta.

Recordemos:

- Nuestros hijos son distintos y diferenciados de nosotros.
- No podemos, ni debemos, controlarlo todo.
- Su necesidad es saber que cuentan con nosotros, no que les resolvamos todo.

Con este hábito de evocar al final del día:

- Les ayudamos a desarrollar su capacidad de evocación y de representación mental.
- Desarrollan el lenguaje.
- Estructuran el pensamiento y el discurso.
- Abrimos la puerta a que nos cuenten sus cosas y confíen en nosotros.

> Las emociones se digieren con el uso consciente o el arte de la respiración y la palabra (en el sentido más profundo del lenguaje).

Desarrollo y mecánica de la respiración

La respiración tiene una base física y tangible evidente. Para llevar a cabo el acto de respirar debe actuar todo el sistema respiratorio. Esto implica órganos y músculos:

* nariz,
* pulmones,
* diafragma,
* músculos intercostales.

La nariz, en ocasiones, es sustituida por la boca; el diafragma, con frecuencia, pasa a ser un mero observador y lo sustituyen la musculatura del cuello y de la cintura escapular: ¿cómo puede ser que, siendo el cuerpo tan sabio, deje de usar los músculos y órganos diseñados para su función?

Hay estudios que hablan de que entre el 50 % y el 80 % de las enfermedades físicas están asociadas a una mala respiración, pero precisamente porque el cuerpo es sabio sabe buscar alternativas para preservar la vida física y seguir recibiendo oxígeno incluso en las ocasiones en las que el sujeto que debe respirar está impactado y emocionado como para hacerlo.

Hemos visto que, para respirar, necesitamos la intervención de ciertos órganos y músculos. **En la respiración, el papel de la musculatura es tan primordial como el de los órganos**, y por ello resulta indispensable destacar el efecto que producen las emociones en nuestro sistema muscular.

Recuerdo, cuando trabajaba en Atención Temprana con bebés y niños pequeños con síndromes genéticos, neurológicos y grandes prematuros, que era imprescindible valorar el tono muscular de los bebés. Esto es así porque, como explica el doctor Julián de Ajuriaguerra al hablar del «diálogo tónico corporal» del bebé, las emociones afectan muy destacadamente al tono muscular de los niños no verbales, de manera que una alteración de su tono muscular va a darnos señales de su estado neurológico o emocional.

> El tono muscular es signo neurológico y vehículo emocional.

Más adelante veremos, en el capítulo dedicado al cuerpo, cómo afectan el estrés y las emociones no digeridas al sistema nervioso central. Pero ahora, con respecto a los niños, podemos seguir las indicaciones del doctor Ajuriaguerra para, a través de la comunicación sensoriomotriz, llegar a establecer un auténtico y maravilloso diálogo no verbal, como padres, con nuestros bebés, propiciando un encuentro y una comunicación sutil con ellos través del **diálogo tónico**.

En este sentido, recuerdo un caso que experimenté durante la etapa en que trabajé con niños pequeños que me marcó y supuso un punto de inflexión para mí como persona y profesional, porque me demostró de una forma muy significativa –como nunca he vuelto a ver, de hecho– el impacto del vínculo emocional en el tono muscular:

Yo realizaba sesiones de estimulación, psicomotricidad y psicoterapia en un centro de Atención Temprana. En estos centros se realiza tratamiento ambulatorio a niños de cero a seis años con síndromes genéticos, neurológicos, grandes prematuros, disarmonías evolutivas o retrasos madurativos. Con los niños más pequeños, las sesiones siempre se solían realizar con los padres presentes. En una ocasión se incorporó un niño a estas sesiones que entraba solo. Lo llamaremos X. Tenía tres años, su madre lo traía en el carrito y, en las sesiones, que realizaba conmigo y con el fisioterapeuta, el niño caminaba y estaba casi al nivel de desarrollo motriz de un niño de dos años y medio. Pero cada vez que, en la sala de espera, yo le decía a su madre que X estaba preparado para venir al centro sin sillita desde el coche, a esta se le congelaba el gesto y se le entrecortaba la respiración. La mamá estaba tan aterrada que expresaba física y verbalmente que no le veía preparado para caminar solo.

Tras cuatro semanas invité a la mamá a entrar conmigo. Mi intención era que viese lo bien que estaba su hijo, el juego simbólico que empezaba a desarrollar y lo autónomo que era durante las sesiones. Mi sorpresa fue indescriptible: X caminó a lo largo del pasillo sin apreciar que su madre entraba con nosotros, se sentó en la colchoneta, se giró y, cuando fue consciente de que su madre estaba dentro, se convirtió en un bebé de seis meses. No era capaz de mantenerse sentado. Su hipotonía muscular en ese momento era tal que, si hubiera sido la primera vez que le veía, yo habría dado por supuesto que era un signo neurológico.

Solicité a mis superiores que me dejasen trabajar con el pequeño y la madre en las mismas sesiones pese a que por edad no era lo habitual. Comenzamos un trabajo conjunto: ella empezó a hacerle masaje Shantala adaptado a su edad. Fuimos siguiendo el desarrollo de X pasito a pasito, atendiendo los aspectos cognitivos, motrices y afectivos. Acompañamos a la mamá en su miedo y pudo ir expresando e identificando de dónde venía tanto susto. Su pequeño había sido un gran prematuro y ella no había podido elaborar todas las emociones vividas. El impacto de dejar a su bebé en el hospital y ella irse de alta a casa aún latía en lo más profundo de su ser. Pasito a pasito, mamá e hijo fueron asentando su vínculo desde el amor y no desde el miedo a perderlo. A la vez que X iba recibiendo la estimulación que necesitaba para seguir mejorando su desarrollo motriz y cognitivo. Para después de Navidad ya estaba al nivel de un niño de su edad cronológica, dentro y fuera de las sesiones.

Después de este caso real, queda claro que las emociones afectan al sistema muscular, especialmente al tono muscular. Pero **¿qué tiene que ver el tono muscular con la respiración?**

Al pensar en la respiración, nos viene directamente a la mente la imagen de los pulmones, pero no la de los músculos. Sin embargo, si los pulmones pueden llenarse y vaciarse de aire, es precisamente gracias a los músculos, ya que estos órganos, en sí mismos, no tienen capacidad de movimiento.

Veamos, pues, su mecánica para conocernos mejor y tomar conciencia de que no somos compartimentos estancos, todo está relacionado:

El proceso de la respiración

El **diafragma** es el músculo fundamental en la respiración, su función básica es facilitar la inhalación y la exhalación profundas. Al inhalar, el diafragma desciende y facilita que los pulmones se expandan y, así, el oxígeno y el prana puedan llegar hasta la parte baja y posterior de los pulmones, el lugar donde hay más **alveolos,** los pequeños saquitos encargados de realizar el intercambio de gases. Desde los alveolos parte el recorrido del oxígeno por la sangre y a todas nuestras células, órganos y sistemas.

Cuando el diafragma desciende, todos los órganos de la cavidad abdominal son desplazados hacia fuera. Por ello hablamos de **respiración abdominal.** Seguro que, en alguna sesión dirigida de relajación, de foniatría, de canto… te han dicho: «Llena la tripa de aire». En realidad, son solo los pulmones los que se llenan de aire: oxígeno, nitrógeno y argón. (Si sumas más de cuatro décadas, podrás evocar la famosa canción «Aire» de Mecano, ¿verdad?)

Al exhalar, el diafragma asciende y estruja a los pulmones, lo que facilita que se vacíen de dióxido de carbono (o CO_2). Tan importante como la inhalación, o más, es la exhalación: soltar el CO_2, eliminar lo tóxico.

El diafragma, al ser un músculo, es vehículo de las emociones

Como todos los músculos, si el diafragma no se usa, se debilita. También, si se carga emocionalmente, se tensa y se contrae, y si el diafragma está tenso, es difícil para él descender y ascender. Ahora bien, como todos los músculos, podemos trabajarlo para aprender a destensarlo. No en un gimnasio convencional, por supuesto, no existen máquinas propiamente dichas para fortalecerlo, pero sí una tecnología y un mecanismo para ello: **la respiración consciente.**

Cuando nacemos, nuestro diafragma está al cien por cien de su funcionamiento. Todos nos quedamos absortos observando a un bebé dormir, ¿verdad? Vemos cómo sube y baja su tripita y, en ese momento, nos inunda una vibración de relax total y absoluto, fruto de la paz y la serenidad que brinda su respiración larga y profunda que, por decirlo de algún modo, «se nos contagia». Es una buenísima noticia saber que nacemos sabiendo cómo respirar largo y profundo, y lo es porque nuestro registro celular tiene grabada esta impronta y, por tanto, todos tenemos la capacidad de poder volver a realizarla.

> Recuperar nuestra respiración larga y profunda es recordar.

Una buena calidad de la respiración nos brinda:

- apertura a sensaciones más sutiles,
- concentración, foco, claridad mental y capacidad de sintetizar,
- sentimiento de conexión y alineamiento,
- regulación e inicio de la alquimia emocional,
- anclaje en el momento presente.

La **nariz** es el órgano diseñado para respirar; pero, a veces, se sustituye por la boca. Idealmente, se recomienda que inhalemos y exhalemos por la nariz. Tiene en su interior una especie de almohadillas y la medicina occidental no ha hallado para ellas ninguna funcionalidad. El ayurveda y la tradición yóguica, en cambio, sí describen una funcionalidad de estas almohadillas: se encargan de recibir y regular la entrada y salida de prana o energía vital, pues, recordemos, sostienen que a través de la respiración podemos captar el 80 % del prana.

Nuestro cuerpo es una gran obra maestra. A modo de ejercicio te invito a:

- Conectar con tu diafragma y ver su grado de tensión y relajación.
- Inhalar por la nariz.
- Sentir cómo te llenas de aire de abajo arriba.
- Conectar con tu diafragma y sentir cómo desciende.
- Sentir cómo se expanden tus pulmones, atendiendo también a su parte posterior.
- Sentir que te vacías de arriba abajo.
- Conectar con tu diafragma y sentir cómo se eleva.
- Observarte y disfrutar de respirar de nuevo como un bebé.

Este ejercicio también lo puedes hacer con tus hijos.

Pero **RECUERDA: son niños**, ellos querrán jugar y se reirán, hablarán…

> Debemos permitir que se expresen, así liberarán sus tensiones.

Tendrás que tener algo de paciencia: cuando mis hijos eran pequeños y yo incorporé el hábito de «descanso yóguico en savasana» les decía que me tumbaba once minutos a hacer «mi siesta yóguica», ellos entraban en mi cuarto, saltaban en mi esterilla y venían sobre mí mientras gritaban «FIESTA yóguica, mami».

Cuando el hábito se asentó, a veces se tumbaban ellos también, y finalmente, siempre guardaban silencio.

Desarrollo y mecánica de la palabra

Ya hemos avanzado que la otra enzima primordial en la digestión emocional es el lenguaje.

> El lenguaje es un pilar básico en nuestra humanización y nuestra vida psíquica.

Me gusta hablar de la alquimia de la palabra. Las palabras construyen y crean realidades. Es algo que hemos experimentado todos: **el poder de las etiquetas** y, especialmente, el poder de las etiquetas tempranas, aquellas que vienen a través de figuras referentes y de poder para nosotros –padres, familiares cercanos, profesores...–. Las etiquetas suelen ser adjetivos y su poder es enorme, suelen ir acompañadas del verbo *ser*:

«Eres un pesado»,
«Eres un payaso»,
«Eres un crack»,
«Eres desordenado»,
«Eres vago»,
«Eres guapo»,
«Eres...».

Estas etiquetas acaban conformando nuestro ego y el personaje que creemos ser. **Tratamos de actuar para confirmar o para confrontar las etiquetas primarias recibidas**, nos identificamos o nos contraidentificamos con ellas porque su peso y su poder en el desarrollo de nuestra personalidad son innegables.

Como se ve, la palabra usada conscientemente nos sirve de enzima emocional y, por tanto, nos acerca a nuestra esencia.

El lenguaje nos diferencia de los otros mamíferos. Ellos tienen sistemas y códigos de comunicación, pero carecen de lenguaje simbólico, pues es una capacidad exclusivamente humana y, además, una tecnología cognitiva tremendamente sofisticada.

El lenguaje se desarrolla a partir del vínculo primigenio, en relación con ese cuidador primario que suele (o solía) ser mamá. Por ello hablamos de «lengua materna» y no de lengua paterna: siempre hay una lengua que cala el alma, y es la lengua materna. En sociedades bilingües siempre habrá una lengua que prime en lo esencial de la persona, esa lengua que predomina no tiene que ver con la política ni con la escuela, sino con mamá, con el vínculo primario, con el amor y el apego. Es la lengua en la que siento, pienso, me enfado y amo.

Aunque aprendamos y dominemos un idioma, hay algo que impregna a la lengua que no es gramática ni vocabulario ni conversación. Hay expresiones que no se pueden traducir y, generalmente, tienen una carga importante del pueblo que habla esa lengua, de su carácter o forma de ser.

> Para acceder al lenguaje humano necesitamos desarrollar la función simbólica. El desarrollo de esa función fue el salto evolutivo que hizo el *Homo sapiens* con respecto a su antecesor.

Nacemos sin saber hablar y sin lenguaje desarrollado, pero sí nacemos con la semilla y el germen para desarrollarlo. Emitimos sonidos en función del contexto en que son recibidos y van a ser recompensados con la atención de mamá y los honores de nuestro entorno más inmediato. De esta manera, el bebé humano va seleccionando fonemas y quedándose con los sonidos de su lengua materna en su registro.

A través del juego equilibrado de presencias y ausencias mamá va facilitando que el cachorro humano desarrolle su capacidad de representar mentalmente. Gracias a ello desarrollamos la **capacidad de evocar** y, también, la **capacidad de esperar**. Cuanto más desarrollada esté la capacidad de representar mentalmente más desarrollada estará la capacidad de esperar.

La representación mental facilita el poder de anticipar y, por lo tanto, da seguridad: el bebé pasa de pedir y que se le responda y resuelva su necesidad de inmediato a, lentamente, esperar un poco más. Puede contenerse y esperar mientras mamá se prepara para darle el pecho o el biberón, y aunque se agita y excita con los preparativos, su llanto ya no es desgarrador. Como Freud decía: se pasa del principio del placer al de realidad.

En el principio de realidad se ha desarrollado la **función simbólica**: se tolera la frustración y se entra en conceptos espacio-temporales. Los conceptos espaciales, temporales y emocionales son más abstractos, más simbólicos.

El fallo en el desarrollo de la función simbólica tiene que ver con factores biológicos y predisposición orgánica, y también con factores ambientales y de estimulación. En algunos síndromes nos encontramos con que se llega a desarrollar cierto nivel de lenguaje o habla, pero no hay despliegue simbólico.

Algunos niños con necesidades educativas especiales tienen grandes dificultades para la consolidación de estos conceptos. A algunos de estos niños les cuesta la lectoescritura. A veces son capaces de decodificar símbolos; leen, pero no alcanzan a comprender el significado del texto. Otros tienen dificultad para regular su acción y emoción con el lenguaje, la palabra no les es significativa, no les contiene ni la palabra del adulto ni la suya propia. También hay chicos a los que les cuesta entender metáforas, dobles sentidos...

Recuerdo un pequeño con síndrome de Asperger en mi primer trabajo. P. era un niño inteligente, pero con un funcionamiento cognitivo extremadamente concreto y literal. En aquel entonces yo tenía veintidós años y trabajaba en un equipo multidisciplinar de Atención Temprana. Éramos psicólogos, fisioterapeutas, logopedas y psicopedagogos. Recuerdo que entró una compañera fisioterapeuta en mi despacho llamada C., y yo le dije a P.: «P., dile a C. qué estamos haciendo». El pequeño, de seis años, me miró, miró a mi compañera y le dijo: «Qué estamos haciendo».

Fue mi primer gran maestro, me enseñó a ser consciente de lo abstracta que puede llegar a ser nuestra manera de comunicarnos. Tuve que estrujarme el cerebro para adaptar mi forma de hablar con él y, a la vez, poder comunicarme con él y preparar mis sesiones para fomentar que desplegase un poco más su función simbólica.

Reconozco que el trabajo con los pacientes con Trastorno del Espectro Autista (TEA) y síndrome de Asperger ha sido una de mis pasiones, especialmente en etapas tempranas. Gracias a esos niños y adolescentes, accedí también a todo lo que es el desarrollo de la función simbólica y pude integrar formación y experiencias, desde la neurología y la plasticidad cerebral a la estructura del psiquismo humano, el desarrollo evolutivo y la teoría del apego. De ahí que el nombre del método de trabajo que he diseñado y desarrollado sea, precisamente, **Método Symbol.**

A partir del desarrollo de la función simbólica accedemos al despliegue del lenguaje en su versión más elaborada. Esto va a ser clave para manejarnos en la vida y poder nutrirnos de los bocados que la realidad nos brinde.

> **No existe vida sin impactos emocionales.** En función de lo representativos que sean el lenguaje y la palabra para nosotros, vamos a poder contener y digerir mejor las emociones.

Puede haber menor despliegue simbólico debido a un déficit cognitivo originado porque exista un desarrollo cognitivo menor o algún retraso cognitivo por el motivo orgánico que sea. También puede haber dificultad simbólica sin déficit cognitivo, incluso tratándose de personas muy inteligentes. A veces hay niños muy pequeños con signos y síntomas tipo TEA y Asperger que responden muy bien a la intervención precoz y llegan a desplegar sus capacidades simbólicas.

Según mi experiencia, en estos casos, si abordamos estos signos y síntomas de manera precoz, la posibilidad de despliegue simbólico es mayor. Por eso soy una firme defensora de los Centros de Atención Temprana. La etapa de cero a seis es clave para el desarrollo de nuestro cerebro.

La importancia del masaje Shantala

El trabajo durante la etapa de cero a seis años es un regalo para toda la vida. El cuidado y la contención durante la crianza es algo mágico y que deja huella para siempre. Independiente de la condición biológica, el patrón de estimulación y apego durante estos años va a influir de manera determinante en el desarrollo de la potencialidad de cada uno.

El ya citado masaje Shantala es un precursor mágico del diálogo con nuestros bebés. Facilita que los pequeños se desarrollen de manera global en todas las áreas: cognitiva y de lenguaje, motricidad y afectivo-relacional. Todos sus movimientos siguen un patrón próximo-distal y céfalo-caudal, como el desarrollo neurológico: de dentro afuera y de arriba abajo.

Masajear a nuestro bebé siguiendo este patrón fomenta que vaya integrando y unificando su cuerpo físico, que se vaya diferenciando de mamá y que vaya adquiriendo una propiocepción de su cuerpo.

¿Cómo se realiza el masaje Shantala?

Hay que ir tocando al bebé con un ritmo y una cadencia de presencia, tocar y ausencia, no tocar y esperar. Esperar a que sea él quien nos lo pida a través de su mirada, de sus movimientos, de sus gorjeos y balbuceos… Es un momento de íntima comunión con el bebé, y está especialmente indicado para bebés prematuros, con síndromes genéticos o neurológicos y, por supuesto, también para bebés sanos.

Los cuidados que realizamos a nuestros bebés, los estímulos que les proporcionamos, influyen en su desarrollo de la función simbólica y su inteligencia emocional porque influyen en el número de conexiones y sinapsis que se establecen.

Los impactos emocionales en niños no verbales

El despliegue simbólico es la base del lenguaje, entendido este como algo que **va más allá del habla.**

A veces se cree que los niños no se enteran de las cosas. Hay hechos que son de vital importancia en su vida: la muerte de un progenitor, hermano o figura referente; el divorcio de los padres; incluso el cambio de personal de servicio o de cuidador, los viajes de trabajo de los padres, el inicio del colegio… Como se ve, todos los hechos que cito tienen que ver con **separaciones**, con **duelos.** Cuando estos acontecimientos ocurren **antes de que el niño tenga lenguaje los efectos serán mucho más negativos para el pequeño.** Y más aún si los adultos referentes minimizan su importancia.

Generalmente, en estos casos, los pequeños recurren al **cuerpo** para digerir el impacto emocional.

> Todo ser humano, cuando hay un exceso de emoción, recurre al cuerpo.

Frente a una emoción que nos desborda recurrimos al cuerpo en sus distintas funciones. Del movimiento a la enfermedad física: podemos ir a la sala de espera de un hospital; u observar a los adolescentes antes de la prueba de acceso a la universidad; o fijarnos en los miembros de nuestro equipo de fútbol celebrando una victoria; y, por supuesto, también podemos contemplar a los bebés en las guarderías: **la palabra nos contiene.**

Cuando trabajaba en Atención Temprana llevaba los grupos de padres. Todos ellos habían tenido un hijo prematuro, con síndrome genético o neurológico. Muchos tenían diagnóstico: síndrome de Down, de Prader Willi, esclerosis tuberosa, miopatía congénita… Otros no tenían «etiqueta»; o su etiqueta era reciente o poco estudiada; o su evolución era tan abierta que no podían anticipar cómo se desarrollaría su pequeño. Este es el caso de enfermedades raras y, también, de grandes prematuros.

En estos grupos, los padres hablaban a menudo del diagnóstico. Los que no tenían diagnóstico, o cuyo diagnóstico era muy abierto, hablaban de su necesidad de saber. Cuando alguno avanzaba en el proceso de tener un nombre para lo que le ocurría a su hijo disminuía su ansiedad.

El diagnóstico, a veces, es solo una etiqueta, una palabra que te da una ligera contención. Ocurre lo mismo cuando hay un desaparecido. Es mucho peor el estado de los seres queridos cuando alguien está desaparecido: es un sinvivir. Es algo que la palabra no puede contener, es algo siniestro, que no puedo elaborar.

> Poner palabras nos ayuda a traer el mundo mental y emocional a lo concreto, a lo tangible.

Todos hemos oído decir que algo, si no se dice, parece que no existe; por eso es tan importante expresar y escribir nuestros objetivos: **para concretarlos** y **facilitar su ejecución y materialización.**

> La palabra, cuando es significativa (es decir, cuando liga emoción con representación, pensamiento con emoción), impregna el cuerpo y ayuda a alinearnos con nuestra esencia. Ayuda a digerir.

Aquel hábito abandonado del diario era un salvoconducto hacia la salud mental, o las cartas interminables que se escribían antaño a aquel amigo lejano: servían también de diario, para poner palabras al mundo interno, para digerir los impactos de los bocados de realidad.

A modo de resumen

¿Qué necesitamos para desarrollar las enzimas del lenguaje del niño?
Desplegar la función simbólica.

¿Qué necesitamos para desarrollar la función simbólica del niño?
Una base orgánica en el plano neurológico.

- Una «madre suficientemente buena» –expresión del famoso pediatra inglés Donald Woods Winnicott–, es decir: el juego más o menos estable de presencias y ausencias. Si siempre tengo algo presente, no puedo representarlo mentalmente, no puedo imaginarlo, no puedo evocarlo. Y si el equilibrio entre ausencia y presencia es inestable o en extremos, tampoco puedo hacerlo.
- Estilo abierto de comunicación.
- Escucha activa.
- Facilitar espacios de juego espontáneo (no tabletas).

¿Qué nos indica que el niño está empezando a desarrollar la función simbólica? Es decir, ¿qué precursores nos hablan del desarrollo de esta función?

- Permanencia de objeto: saber que algo está aunque no lo vea.
- Causa-efecto: saber que una acción produce un efecto, y hacerlo a propósito.
- Medio-fin: utilizar un objeto para conseguir otro.
- Protodeclarativos: señalar para mostrar.
- Protoimperativos: señalar para pedir.
- Juego simbólico.

Vemos que los niños, conforme van creciendo, van teniendo menos necesidad de moverse y más capacidad de esperar, y los contenidos curriculares van siendo cada vez más abstractos. Entre 2º y 3º de Educación Primaria llegan muchos niños a consulta porque, aunque han accedido a los aspectos mecánicos de la lectoescritura, no comprenden lo que leen: esta es una dificultad en el plano simbólico. A veces incluso es en este punto cuando se identifican casos de TEA de alto rendimiento. Se trata de niños que han accedido a la lectura mecánica, pero no llegan a consolidar la comprensión igual que los otros niños. Hoy en día se habla mucho de «analfabetos funcionales», niños y adolescentes que leen, pero que no entienden lo que leen.

No soy nada partidaria de adelantar el aprendizaje de la lectoescritura antes de los seis años. Es mucho mejor que los niños desarrollen todos los prerrequisitos psicomotores y de despliegue simbólico en vez de querer adelantar hitos evolutivos. Lo importante no es el aspecto formal. Saber leer mecánicamente es solo decodificar símbolos, y puedo hacerlo sin saber su significado. Yo puedo leer un texto en alemán, pero no entenderé más de siete palabras. Conocer los números sin conocer los conceptos de cantidad es otro ejemplo de esto.

Si queremos mejorar nuestra sociedad, debemos **mejorar la crianza** de nuestros pequeños: enfocarla hacia el desarrollo del pensamiento simbólico en la primera etapa, y luego facilitar el despliegue del pensamiento divergente y fomentar el equilibrio entre pensamiento convergente y divergente.

Igualmente, para mejorar la crianza de nuestros pequeños es fundamental que pueda haber una conciliación real de la vida laboral y la maternidad. La conciliación real no es solo organizar guarderías en los trabajos, eso no responde a las necesidades biopsicosociales reales de los cachorros humanos. **La conciliación real pasa por periodos de baja de maternidad que tengan en cuenta la condición humana real.**

Otro pilar básico es **la educación:** el ser humano es curioso por nacimiento. Tenemos que educar para que no se apague la mecha de la curiosidad y el deseo de aprender:

• Poder mantener la automotivación y desarrollar buenas técnicas y hábitos.

• Adquirir disciplina y compromiso para desarrollar las capacidades en talentos y alcanzar los propósitos.

Ciñéndome a este capítulo, recordemos que necesitamos dominar dos artes:

• el arte de la **respiración**,
• el arte de la **palabra**.

Estos dos pilares bien desarrollados son unas piernas firmes y estables que nos permitirán caminar y nos facilitarán adaptarnos a las condiciones del terreno. Podremos subir cimas y bajarlas siendo capaces de adaptarnos y sostenernos pese al relieve que nos brinde la tierra. A veces caeremos, pero siempre encontraremos el modo de alzarnos y seguir en el camino, si así lo decidimos.

Ejercicios para ti

• Te propongo que empieces por incluir un **minuto diario de respiración consciente**.
• Te animo también a que leas y escribas.

Ejercicios para tus niños

• Para niños de seis años o menos: que jueguen en el suelo, con juguetes poco elaborados; que creen, construyan, hagan y deshagan, que pinten.
• Para niños de entre seis y doce años: que escriban y lean, que jueguen con piezas de lego.

- Para niños a partir de 12 años: entramos en la preadolescencia; aquí se reactivará la etapa de cero a seis; segunda oportunidad de sanar vínculos de entonces, un reto y un regalo. En esta etapa hay tres factores que pasan a ser prioritarios para nuestros hijos:
  - su grupo de iguales,
  - su necesidad de intimidad,
  - su cuestionamiento de los límites y hábitos familiares para ver si pueden identificarse con ellos.

Estos tres pilares van a poner en jaque todas las luces y sombras de nuestro vínculo, estilo de apego, estilo parental y sistema familiar.

La crisis adolescente nos brinda una segunda oportunidad para establecer vínculos de apego seguro. El recuerdo de nuestro Yo adolescente va entrar en escena sin ser invitado. También es una ocasión de reconciliarnos con esa etapa de nuestra vida.

Los ejercicios propuestos para ellos tienen que incluir el respeto a su privacidad y la inclusión de sus amigos.

- Dejarles espacios a solas.
- Dejarles espacios con sus amigos.
- Mantener rutinas diarias en familia, por pequeñas que sean.
- Fomentar que investiguen en internet sobre sus temas de interés, ya sea sobre ocio o sobre su futuro y que luego lo compartan contigo (que busquen itinerarios académicos, vídeos de experimentos, biografía de su cantante favorito...).
- Debemos interesarnos por sus cosas desde el compartir, no desde el controlar.
- Educar en el uso de las redes sociales.
- Pedirles que elaboren listas de pros y contras. Cuando te piden algo, que te convenzan.

Para niños de TODAS LAS EDADES: en este mundo tan sobreestimulado, te propongo guardar un tiempo para que tus hijos «hagan nada». Aprender a estar con uno mismo a solas es un regalo para toda la vida. Diez minutos sin estímulos pueden ser suficientes, incluso se puede comenzar por menos.

¡Te animo también a que lo practiques tú, aunque seas adulto!

Para saber más sobre la respiración

* *Paula*, de Isabel Allende, la novela en la que relata con extrema exquisitez el proceso de acompañamiento a su hija en coma, un relato directo al alma y a la esencia de cualquiera, donde describe de forma natural y conmovedora ese encuentro más allá de las palabras. Ed. Plaza & Janés.

* *Shantala: un arte tradicional. El masaje de los niños*, de Frederik Leboyer, obra con poco texto en la que una imagen vale más que mil palabras. Si eres un papá o una mamá recien estrenados, será un regalo conjunto, para tu bebé y para ti. Ed. Lancelot.

Para saber más sobre la palabra

* Te remito a los estudios y obras sobre el apego de Donald Woods Winnicott, Melanie Klein, Daniel Stern y John Bowlby, entre otros tantos.

5.
Emociones: ¿amigas y aliadas, o enemigas y rivales?

La emoción precede al pensamiento

Ya llegamos a las emociones. Solo de escribir el título… ¡ya me emociono!

En octubre de 2017 me invitaron a dar una conferencia en un edificio de las Cuatro Torres de Madrid, una zona financiera al final del paseo de la Castellana. El tema era «Gestión emocional en el hogar». Cuando me lo propusieron, creí que no era tema para ese escenario, porque el público iba a estar compuesto por economistas, ejecutivos financieros e ingenieros, y yo creía que, tal vez, les encajaría mejor que les hablase de liderazgo y alto rendimiento. Recuerdo que me impactó descubrir al llegar allí que hubiera ciento cincuenta personas inscritas. No solo se llenó la sala, sino que en menos de un año me invitaron de nuevo.

Las emociones marcan nuestra vida y nuestras relaciones. Las emociones, no cabe duda, marcan también nuestros pensamientos y nuestras acciones.

Se trata de una realidad bidireccional, ya que nuestros pensamientos y creencias también generan nuestras emociones.

Pero la emoción precede al pensamiento en orden evolutivo: al nacer somos seres emocionales y, conforme se va desarrollando nuestro sistema nervioso, accedemos a la palabra.

Las palabras conforman nuestros pensamientos en un elevado porcentaje. También el pensamiento evoca imágenes, pero el grueso son palabras.

Todos hemos oído hablar de cómo nos afectan los pensamientos y las creencias inconscientes. Esos pensamientos y creencias suelen gestarse en los primeros años de vida, años en los que nuestra función simbólica y su despliegue están en desarrollo: cuanto más pequeños somos, más precario es nuestro desarrollo simbólico. A su vez, cuanto más pequeños somos, mayor plasticidad posee nuestro cerebro (y que en parte se mantiene a lo largo de toda la vida). De ahí la importancia y la relevancia de las intervenciones en los centros de Atención Temprana.

Todos hemos oído muchas veces eso de que los niños son como esponjas, ¿cierto? Pues es verdad. Son esponjas que no filtran, así que absorben toda la vibración de lo que ocurre a su alrededor. El bebé no tiene pensamientos ni lenguaje, pero sí tiene emociones, también posee sensaciones y percepciones. Lo que no tiene aún son representaciones. Así pues, y en conclusión, **la emoción precede al pensamiento.**

La ciencia del alma

Los impactos emocionales que recibimos en las etapas no verbales de nuestra infancia quedan impregnados en los planos sensoriomotriz y corporal. Se habla mucho de la **memoria celular**: en algún rincón de nosotros todos los impactos emocionales vividos han dejado una impronta. Es por ello por lo que hablamos del **inconsciente**, esa huella que hay en nosotros y que rige muchas de nuestras elecciones y acciones.

Esa impronta es inconsciente porque no podemos acceder a ella a partir del código de la palabra, y es esta imposibilidad la que me ha llevado a profundizar cada vez más en el yoga y la meditación, pues entiendo esta última como un ejercicio de limpieza del basurero mental inconsciente.

- Desde la neurociencia y la neuropsicología accedemos a la comprensión de nuestra realidad orgánica y biológica y a sus efectos en nuestra manera de estar y comprender el mundo.
- Desde lo cognitivo-conductual se accede a las conductas, pensamientos y creencias: es lo real, lo más tangible.
- Desde la sistémica se accede a la red social, a la tribu en la que cada cual está inmerso.
- Desde el psicoanálisis accedemos al preconsciente y a los efectos del inconsciente, a través de la asociación libre y la interpretación.
- Con la meditación limpiamos el basurero mental sin necesidad de entender o juzgar, sin palabras.

Todas las técnicas y todos los marcos teóricos son útiles y necesarios, pero no todos son para todos ni en todo momento. Además, es necesario contextualizar correctamente las técnicas y las teorías. Si no conocemos algo en profundidad, mejor no opinar. Y, sobre todo, no juzgarlo.

A mí me cuesta mucho responder a la eterna pregunta formulada entre psicólogos y a los psicólogos: «¿De qué orientación eres?». Pues bien, ya no respondo a ninguna orientación. Hago psicología, retorno al origen etimológico real: **ciencia del alma**. Y digo «real» porque hoy, a esta pregunta, muchos responden diciendo: «La psicología es la ciencia de la mente». Pero, amigos, la mente no es el alma. Somos mucho más que nuestra mente.

Me dedico al estudio y al encuentro con el alma desde cualquier disciplina que me permita hacer emerger la verdadera esencia y la verdadera identidad de mis consultantes, de mi familia y de mí misma.

Por eso, finalmente, me decidí a escribir este libro: porque **todos vivimos impactos emocionales en nuestras vidas** y **la no digestión de esos impactos nos aleja de nuestra verdadera identidad, de nuestra alma.**

La necesidad del otro

Los adultos humanos somos responsables de facilitar que nuestros cachorros humanos puedan desarrollar sus enzimas emocionales, sobre todo porque en las personas los impactos emocionales que vivimos antes de tener un lenguaje consolidado no cuentan con la enzima de la palabra para facilitar su digestión.

La emoción primigenia es el miedo, es la emoción que regula y rige todas las demás. Tiene versiones de lo más sofisticado para inocularse en nuestras mentes y querer tomar las riendas del alma. El miedo es la mano derecha del ego, y por eso inocular miedo facilita que se establezcan conductas de sometimiento en una persona o colectivo.

Como mamíferos, los seres humanos, al nacer, necesitamos un cuidador. Venimos diseñados para establecer un vínculo en una díada. Es maravilloso cómo la biología sustenta las premisas para el desarrollo armónico de todas las áreas del ser.

No cabe duda, el ser humano es una creación magistral. Por ejemplo, la distancia entre el pecho y el rostro del bebé mientras lacta es la necesaria para que sus ojos comiencen a fijar la mirada. A esa distancia justa podrá mirarse en el primer espejo, que le devolverá una imagen integrada de sí mismo: mamá.

> **Para nuestra supervivencia física y para el desarrollo armónico de nuestras potencialidades como humanos en todas las áreas, necesitamos del otro.** Ese otro precisa de un tercero, y todos juntos nos sostenemos en la red de nuestra tribu. La tribu se engrana en la sociedad.

Estamos diseñados para establecer primero una díada y después una tríada. Necesitamos un cuidador referente y alguien o algo que haga las veces de tercero; que el cuidador referente no se quede ensimismado en un vínculo simbiótico con su cachorro, que el cachorro sienta la necesidad y el deseo de partir. Para ello son de gran ayuda el apoyo y la contención social, **la tribu, el clan.**

Si mamá se queda enganchada en una simbiosis y fantasía de plenitud con su bebé, este difícilmente podrá desplegar sus alas en cuanto a funciones de evocación y representación mental. Necesito presencia y que algo esté, para conocerlo y grabarlo, pero debo dejar de verlo y distanciarme para poder evocarlo: el juego de presencias y ausencias ha de tener cierta estabilidad en su cadencia.

A veces uno no está por largos periodos y, cuando está, lo hace de forma masiva. Este patrón tampoco facilita el proceso de separación e individualización de manera saludable. Los niños actúan en el juego en activo lo que viven en pasivo. De ahí el famoso juego del cucu-tras, que tanto divierte a los pequeños en esa etapa en que la permanencia del objeto está consolidándose.

> Los miedos básicos del ser humano tienen que ver con la pérdida, con la separación, con el abandono. Todos ellos son versiones, más o menos sofisticadas, del miedo a la muerte.

Múltiples conductas humanas vienen determinadas por el miedo. En sociedades más industrializadas como la nuestra, este temor se manifiesta también a través del miedo a no tener dinero o a perderlo; por ejemplo, el miedo a perder un trabajo lleva a la persona actual a sostener situaciones aberrantes a cambio de una nómina insultante.

La pirámide de las necesidades básicas de Maslow

Esta pirámide viene a ser un reflejo del desarrollo evolutivo y como especie: de lo más tangible y físico hasta llegar a lo más sutil y espiritual. Así, en la base nos encontramos con las necesidades básicas de supervivencia y, poco a poco, se va sofisticando.

Ahora bien, **cada escalón debe integrar el anterior:** si falla algún escalón, si se pretende ir a saltos, es fácil perder el equilibrio y caer.

Me viene a la mente la equivalencia de la pirámide de Maslow con los siete chakras. Los primeros chakras hablan de aspectos más densos y materiales, y conforme se va ascendiendo por la columna se llega a dimensiones más sutiles de la esencia humana.

En la pirámide de Maslow las primeras necesidades tienen que ver con la dimensión física y, por tanto, material, con preservar la vida biológicamente hablando. Por lo tanto, cubrir estas necesidades tiene como objetivo evitar la muerte física.

Aparentemente, **las primeras necesidades del bebé son muy tangibles y básicas:** comer, dormir, evacuar y, por supuesto, respirar. Cubrir esas necesidades sin el ingrediente unificador por excelencia hace que se crezca con cierta tendencia a la fragmentación interna. Ese ingrediente unificador es **el amor,** el amor que integra, unifica, dulcifica y cohesiona.

El miedo es la emoción básica con la que tenemos que lidiar, fragmenta al ser y es la base de cualquier enfermedad y malestar. **El miedo solo se combate con amor.** Amor es unión. La unidad y la cohesión es salud.

El amor no es una emoción. Es el sentimiento universal.
Es la paz interior, el orden, la serenidad.

La vibración del amor es de unidad, salud y orden. Implica que cada uno conoce su propósito y lo ejecuta en beneficio de sí mismo y del todo. Cuando las células de nuestro cuerpo realizan fielmente la función que les corresponde, entonces hay salud en el organismo. Cuando una célula olvida su función y empieza a atacar a células propias como enemigas, o empieza a crecer de forma desordenada y sin control, entonces el cuerpo enferma.

Cuando el bebé llora, son los brazos de su madre los que lo calman y le devuelven esa sensación de unidad y seguridad a través del enamoramiento temporal de la madre con su cría, un enamoramiento que preserva la vida del pequeño y facilita que se establezca un **vínculo** a través del cual podrán ser cubiertas desde sus necesidades más básicas a las más sutiles. Estas últimas facilitarán que el bebé despliegue su función simbólica al máximo de lo que su biología le permita.

- Cuando el bebé nace prematuro, también hay una «mamá prematura» que necesitará los cuidados especiales de la tribu para poder ayudar a su cría. Necesitará un sostén que lo ayude a purgar esos sentimientos de culpa, ira y miedo que, sí o sí, emergerán en ella.
- También, cuando el bebé nace con problemas, será necesaria la intervención, la contención y el sostén de la tribu con más esmero.

El proceso del vínculo

El proceso del vínculo viene marcado por cambios fisiológicos durante el embarazo, el parto y el posparto. Recuerdo que, cuando mi gata tuvo gatitos, cualquier profano (no veterinario) me decía: «Sobre todo, no los toquéis cuando nazcan, que no los agarren tus hijos. De lo contario, la madre no les reconocerá el olor y no los cuidará».

Siempre me ha llamado la atención cómo se cuida tanto este tipo de procesos en animales y cómo se descuida, incluso cómo se promueve el descuido, en humanos. No es que me parezca mal que se cuide en los animales, no vaya a explicarme mal, pero me indigna que en humanos se separen a los bebés de sus madres con tanta ligereza, que no se tengan en cuenta los efectos tan devastadores de las separaciones precoces.

Es cierto que en ocasiones es imprescindible y prima salvar la vida del pequeño. Pero no olvidemos que después habrá que hacer un extra para fomentar el desarrollo psíquico y emocional del bebé.

Un niño que vino a consulta precisó ser reanimado al nacer y lo separaron brevemente de la madre. Cuando se lo dieron, ya estaba bañado y con ropita. La madre lo miró y lo puso al pecho, y este se agarró con una fuerza que ella podía sentir casi físicamente en su seno al evocar aquel momento. Después, hasta los nueve meses, todo parecía ir estupendamente. Ella le hacía el masaje Shantala, el bebé tomaba pecho y papillas…

Pero, justo cuando empezó a gatear, ella comenzó a colaborar con una empresa en otra ciudad.

En torno a los nueve meses, evolutivamente, tiene lugar la segunda gran separación del bebé con relación a la madre tras el nacimiento. Este momento se conoce como la **etapa de miedo al extraño**. Lo vemos también en cachorros no humanos. Hasta unos meses, los cachorros se van con cualquiera. Luego ya no, son fieles a su amo, a su cuidador referente.

El caso es que su pequeño empezó a tener bronquitis de repetición, a mostrar dificultad para respirar y tomar la vida. Hoy tiene diez años y en su estructura psíquica hay un plus de miedo que no tiene su hermano. Este miedo se traduce en un nivel de autoexigencia y perfeccionismo elevado. Suele ser descrito por los adultos como un niño prudente, reservado y, a veces, demasiado sensato para su edad. Los cambios no le gustan especialmente y, en su desarrollo, le ha costado más separarse de su madre que a su hermano. No plantea síntomas ni psicopatología, pero sí ciertos signos. La brecha que hace que se filtre el agua que da inestabilidad a su estructura encuentra fácil acceso por esta vía.

En cierto modo, **hubo una interrupción en su vínculo**. Desde la psicología hablamos del «movimiento interrumpido». Alguien tocó a su bebé antes que la madre. En cierta forma, le costó más reconocer su olor e identificar sus necesidades preverbales en él que en su hermano. También se suma el hecho de que, durante su embarazo, la madre tuvo que guardar reposo porque sangró. El miedo a perderlo y el miedo a la muerte han tenido datos de realidad en el mundo físico de este niño y han forjado unos cimientos inconscientes de su cuerpo emocional.

La aceptación de las emociones

Las emociones son amigas, no enemigas. Tenemos que abrazarlas, identificarlas y agradecer su función. Y, una vez cumplida su función de preservar la vida, **debemos dejarlas marchar.** Solo las podemos dejar ir soltando la mente, dejando de viajar al pasado o de volar al futuro con nuestros pensamientos.

Últimamente escucho y leo mucho acerca de emociones positivas y emociones negativas, pero lo cierto es que **todas las emociones son positivas** y todas tienen derecho a ser. **La emoción, en sí misma, no es buena ni mala.** Siempre tiene en su origen un trasfondo a favor de la vida. Lo que puede tener consecuencias, positivas o negativas, es qué hacemos nosotros con las emociones.

Debemos borrar de nuestra mente esa idea de emociones positivas y negativas. Debemos poder evocarlas desde un punto neutral y sin juicio. **Las emociones las sentimos todos, y no deben censurarse ni considerarse prohibidas o malas.** Podemos educar y limitar las conductas, pero no las emociones, porque habitan en todos y cada uno de nosotros.

Por lo demás, no podemos excluir algo que forma parte del todo, porque cuando en un sistema se intenta excluir algo o a alguien surge una fuerza natural que busca hacer esa parte presente con mayor intensidad. Esto lo saben muy bien los psicoterapeutas sistémicos.

Si pretendemos excluir y anular una parte de nuestra naturaleza, esta encontrará la manera de ser representada de forma masiva e irreverente. Así que, si pretendemos hacer como que no existe alguna emoción en nosotros, o educamos a los niños para que las nieguen, solo conseguiremos fortalecer el músculo de la reacción masiva de tal emoción. Tal y como decíamos al inicio del libro, estaremos queriendo controlar, y el control en exceso está más cerca del descontrol masivo que de otra cosa.

Como explicaba Aristóteles, la virtud se identifica con el hábito de actuar según el término medio.

Por otra parte, las emociones y sus reacciones primitivas tienen sentido en situaciones extremas, como las que vivían nuestros ancestros cazadores-recolectores. En nuestra sociedad actual precisamos en contadas ocasiones del uso de estas reacciones instintivas que estimulan las emociones básicas. **Nuestro reto, como *sapiens* actuales, es transmutar las emociones en sentimientos, ponerlas al servicio de nuestro ser** y no dejar que la mente desarrollada *sapiens* se vuelva en contra de nuestra supervivencia.

Un exceso de emociones no elaboradas provoca tal reacción física que acaba por enfermar al cuerpo. En lugar de hacer que las emociones nos sirvan para preservar la vida, estamos provocando que las emociones nos sirvan para atraer la enfermedad.

¿Cuáles son las emociones que solemos sentir en nuestra vida?

* Tristeza
* Ira
* Alegría
* Asco
* Sorpresa
* Miedo

Además, a esta lista tradicional, añadimos la **culpa**.

Al asco me acercaré brevemente, porque considero que, en las condiciones de vida actuales, es la emoción que menos lugar nos ocupa. No es que no exista, sino que es la que menos frecuencia tiene en nuestro teatro personal.

La ira, bien podemos considerarla como una reacción del miedo, aunque tan potente que llega a tomar vida propia. La culpa es una reacción de la ira, y su alimento básico es mental. La tristeza está asociada al apego. Y el asco sería otra emoción que produce una reacción física inmediata; generalmente, lo que nos provoca asco, nos protege de no consumir algo putrefacto y dañino: preserva nuestra salud y vida física.

Por lo demás, y con estos matices, a continuación veremos, una a una, las emociones básicas:

Miedo

Me atrevería a decir que, en realidad, el miedo es la única emoción, es la emoción primigenia. O, al menos, **el miedo es la única emoción que claramente nos conduce a la acción.**

Cierta dosis de miedo es necesaria: preserva la vida.

El miedo presenta tres reacciones físicas naturales asociadas a él, que son:

- paralizarse,
- atacar/defenderse,
- huir.

Estas conductas, estas acciones, son perfectamente sanas y naturales si nos encontramos ante un león feroz o si alguien nos quiere atacar, y también tienen lugar frente a abusos sexuales y violaciones. Sin embargo, cuando es la mente la que genera la emoción del miedo a través de pensamientos y creencias que evocan un futuro o un pasado de riesgo, y cuando además mantenemos ese estado de manera constante, nuestro cuerpo se va colapsando físicamente.

Nuestra química cerebral no distingue si está en presente, pasado o futuro. Y como recibe las señales de una amenaza, pone en marcha todos los dispositivos fisiológicos para hacerle frente. Es así como el sistema digestivo se ralentiza, la sangre se solidifica, disminuye la temperatura corporal, los músculos se tensan, la respiración se agita...

Pero, aunque internamente nuestro cuerpo se prepara

para esa amenaza, después no actúa desde el cuerpo físico, con lo que sucede que toda esa energía se moviliza para un fin, pero no llega a consolidar su objetivo, no se libera. No se suelta. Queda en nuestro cuerpo más o menos cosificada, con lo que altera nuestro funcionamiento. Y así, lo que se suponía que era una reacción y un mecanismo a favor de la vida, termina por dañar a nuestro organismo, ya que lo sobreexcita y sobreestimula sin que realice los procesos completos y naturales.

Esas tres reacciones al miedo (atacar, huir o paralizarse) pueden ser desplazadas a cualquier cuerpo: mental, emocional o físico. Aunque aquí hablemos de ellos tres como tres entidades diferentes, es impensable que algo que ocurra en uno de ellos no tenga un efecto en los otros dos.

Ira

La ira es el patito feo de las emociones. Desde pequeños nos enseñan a esconderla y a negarla, especialmente en culturas como la española, donde tiene un gran peso la tradición judeocristiana, en la que la ira suele ir acompañada de la culpa. **La ira y la culpa son la misma emoción**: la ira se desplaza al exterior, y la culpa al interior. Pero son la misma energía.

La ira es una emoción que da fuerza: una persona rabiosa es mucho más potente y fuerte físicamente. Pero esta fortaleza yo la comparo con la misma energía que nos dan los azúcares simples: nos llevan a un «subidón» rápido e inestable, que tendrá como consecuencia un rápido descenso. Es similar el efecto que producen las anfetaminas y la cocaína:

después del *high*, viene el *crash*. Este proceso cada vez es más rápido, hasta que llega un momento en que el *high* es casi una fantasía, un recuerdo efímero, y lo que realmente permanece y se hace notable en la vida del cocainómano es el *crash*.

Llevándolo al mundo de las emociones, a la ira y a la culpa, la ira no digerida ni elaborada sería el azúcar simple y, en el extremo, estaría la cocaína, la culpa, que sería la hipoglucemia tras el consumo de hidratos de carbono de absorción rápida o el *crash*, en el caso del consumo de cocaína.

Diciendo esto, podría parecer que la ira sería una de esas mal llamadas emociones negativas, ¿verdad? Pues no es el caso. **Cierta dosis de ira es necesaria:** nos da energía y, bien canalizada, se convierte en **coraje.** Volviendo al ejemplo de la alimentación, no podemos retirar los hidratos de carbono de nuestra dieta, nos dejaría sin energía, con necesidad de picotear todo el rato, con inestabilidad y sin centro. Hay que consumir hidratos de carbono, sí, pero de absorción lenta: cereales integrales y semillas enteras. Pues así, de la misma manera, necesitamos una dosis de la energía de la ira y del enfado. **Pero de absorción lenta.**

La energía de la ira, a modo de hidrato de carbono de absorción lenta, nos permite **poner límites y ser asertivos, conectarnos con nuestra esencia** y saber discernir en el camino, **saber decir sí y no,** saber **defender nuestras ideas,** nuestra esencia. **Nos mantiene en nuestro centro y nos enraíza.**

No hace falta explicar lo difícil que es para los humanos poner límites, decir que no y ser asertivos. Qué fácil es caer en la rueda de callar por miedo a perder al otro, a perder su amor, a perder la imagen idealizada de nosotros mismos, a perder el empleo... y, luego, explotar en otro lugar o de manera desmedida.

Nos han transmitido que la ira es mala y debemos temerla. A veces se maquilla bajo el halo de las fórmulas de cortesía y buena educación, y así nos va...

Desde pequeños, si vemos a un niño en torno a los dos años enfadado y con su rabieta normal, sana y evolutiva, también nos es fácil decirle: «Tranquilízate. Cállate ya. No seas maleducado».

Tampoco es de extrañar encontrarnos a padres o madres modernos que se dejan someter por un pequeño tirano de dos o tres años: «Tiene que expandirse y desarrollarse».

Pues bien, lo que necesita el niño es:

- Que le nombremos su emoción.
- Que lo ayudemos a identificar que eso que siente se llama ira, y que está furioso.
- A la vez, necesita que le limitemos y contengamos su conducta, haciéndole saber que es normal pensar y desear hacer cosas terribles cuando estamos furiosos.
- Pero enseñándole a diferenciar lo que está bien y lo que está mal: **pegar, faltar al respeto e insultar está mal.**

> Cuando nombramos la emoción y limitamos la conducta, ayudamos al niño a iniciarse en el mundo de la alquimia emocional, le facilitamos desarrollar su inteligencia emocional y unificar su cuerpo físico, mental y emocional.

- Con este entramado entre cuerpo físico, mental y emocional, ayudamos al pequeño a identificar y no censurar sus emociones.
- A la vez, le facilitamos la enzima digestiva de la palabra, que facilitará la **contención** (que no el control) **de la emoción**.
- También le reconocemos que él no es su pensamiento: facilitamos que no haya un *crash* por ira, fomentando así que **el niño no tema sus emociones**; especialmente la ira.

Es así como entramos en el aprendizaje de la digestión emocional.

Evolutivamente, el niño necesita de un adulto que haga las veces de yo auxiliar y le triture su bocado de realidad, nombrándole la emoción que siente. Igual que primero necesitó que le dieran la teta, luego que le trituraran papillas y se las dieran, para terminar siendo un adulto que sabe seleccionar qué comer, comprarlo con el dinero que genere con su trabajo y negocios, cocinarlo, comerlo, masticarlo y… digerirlo.

Lo mismo ocurre en otras áreas de su vida: primero lo lleva mamá en brazos, en el portabebés o en el carrito; luego de la mano, para terminar caminando solo. Y así, millones de ejemplos: al nadar, al montar en bici, al conducir un coche, al leer…

Pero sucede que, en nuestra generación, casi ninguno de nosotros hemos tenido adultos que nos nombraran las emociones, y aquí estamos, confusos y sin referentes, buscando la paz interior en el exterior, queriendo estar contentos todo el rato sin ser felices. Aprendimos las palabras que nuestros padres nos enseñaron, incluso aprendimos esas mismas palabras después en inglés para poder optar a puestos mejores en nuestros trabajos. Pero ¿quiénes y cómo nos nombran eso que pasa dentro de nosotros cuando un bocado de realidad nos impacta y nos hace reaccionar?

«Emoción», etimológicamente, significa «que mueve a la acción», es decir, que hace reaccionar. Si vamos al significado etimológico de «reaccionar», nuevamente nos encontraremos con el impulso a la acción, pero también con el prefijo *re-*, que sugiere que hay cierta resistencia a la acción. Evoca una fuerza contrapuesta, el antagonismo de fuerzas que fácilmente reconocemos cuando se habla de autocontrol y de control emocional.

El cuerpo emocional nos hace reaccionar, pero el cuerpo mental y cognitivo nos puede dar el lenguaje, la palabra que contenga. Y el cuerpo mental también me puede recordar que la respiración puede ser usada según mi voluntad. Es como si nuestro cerebro, nuestra mente, fuese un Ferrari en manos de un conductor novel de dieciocho años: aún no hemos aprendido a usar el poder *sapiens* en nuestro beneficio.

Los avances cognitivos y tecnológicos son impresionantes, pero ¿hemos avanzado en cuanto a alcanzar paz interior y felicidad entendida como una «tendencia a», no como un estado permanente y estático?

> **Es necesario que cuerpo físico, mental y emocional se den la mano**, solo así podremos ser nosotros en esencia los que dirijamos nuestro camino. Solo desde el desarrollo de estos tres cuerpos en armonía podremos reconocer nuestra alma.

A menudo, el ego y el alma están tan disociados que nos parece algo místico, esotérico y lejano hablar de la segunda. La hegemonía de la mente sin tener en cuenta que es solo una parte que conforma un todo más grande nos ha hecho ir por la vida creyendo que somos un ego. Y, desde ahí, se disparan las emociones; nos gobiernan nuestras reacciones.

Pese a su origen biológico, las emociones se sostienen y se alimentan de la energía mental. La mente bombea pensamientos igual que el corazón bombea sangre. Si nos identificamos solo con ellos, vivimos vendidos al juego de reacciones en cadena que se producen desde el ego.

Los automóviles han sido creados para ser conducidos por nosotros. ¿Qué ocurriría si pudieran conducirse solos? ¿Nos olvidaríamos de cómo se usan de manera manual? Algo así nos ha ocurrido: hemos dejado que la mente conduzca sola y nos hemos olvidado de cómo usarla de forma artesanal. No somos solo una mente que manda y decide sobre nosotros.

Nos hemos olvidado de que, además de *sapiens*, también somos *homo*.

Culpa

La culpa es la cara oculta de la ira: es la ira dirigida hacia nosotros mismos, hacia dentro.

La culpa se alimenta desde la mente de pensamientos descalificadores. Va al pasado o al futuro: lo que hice o no hice, lo que podré hacer o no hacer.

La culpa se engendra cuando la ira no es ese felino centrado y seguro que es capaz de poner límites, de dar y recibir cuando siente que lo desea y necesita.

La culpa es una emoción mucho más mental que la ira. La ira tiene un componente biológico básico. La culpa –pese a que aquí la incluyamos como emoción y le lleguemos a dar una categoría propia– es la consecuencia mental de la ira no digerida.

Cierta dosis de culpa es necesaria. Quitemos los significantes que asocian este concepto a la tradición judeocristiana, quedémonos con una carga más sutil que nos evoca el concepto de teoría de la mente: ese hito evolutivo de poder pensar por otro, **ponerme en el lugar del otro siendo ese otro.**

El desarrollo de la teoría de la mente es un regalo cognitivo que nos permite socializar. Uno de los hitos que marcaron la diferencia del *Homo sapiens* como especie fue la capacidad –que sus congéneres, los cazadores recolectores, no habían desarrollado– de hacer acuerdos y alianzas entre sí. Esto no podría haber ocurrido sin el despliegue simbólico que hicimos como especie y sin el desarrollo de lo que se ha llamado «teoría de la mente».

A veces entendemos la **empatía** como **ponerme en el lugar del otro siendo yo**. Pero es un paso más allá: es ponerme en el lugar del otro, siendo el otro, ponerme en su piel, en sus zapatos. O también, como explica Wilfred Bion, se trataría de la «capacidad de *rêverie*» (que significa «ensueño» en francés): la mamá tiene que ponerse en los patucos del bebé, siendo él.

Aunque vayamos disfrazados de adultos porque nuestros cuerpos así lo indican, emocionalmente a veces seguimos siendo bebés. A menudo, hasta parecemos muy inteligentes, incluso cognitivamente puede parecer que hemos desarrollado muy bien la función simbólica, pero, en ciertas parcelas de nuestra persona, el mundo de las representaciones no está ligado al mundo de las sensaciones ni de las emociones. Por este motivo llegan ingenieros aeronáuticos y directores financieros a mi consulta con «problemas de comunicación» con sus hijos o parejas, por no hablar de cómo gestionan sus equipos de trabajo.

Es importantísimo en consulta, cuando hay conflictos en las relaciones, establecer el **orden de responsabilidades**. Identificar lo que es mi responsabilidad y lo que no lo es: no desarrollar esta capacidad nos lleva al mundo de la psicopatía, en el que el sentimiento de culpa es inexistente. En ese mundo no hay ninguna capacidad de sentir y ponerse en el lugar del otro. Se conoce la diferencia de lo que está bien y está mal, pero no se empatiza en absoluto con el otro. No se asume la responsabilidad de las consecuencias de los actos.

El desarrollo sano del proceso de separación e individuación nos vuelve a llevar a la mamá y al bebé. También es interesante que veamos la diferencia entre echar culpas a otros o a nosotros y asumir responsabilidades. Puede parecer igual, pero no es lo mismo.

Tristeza

La tristeza es algo más elaborado. **La tristeza camina de la mano del apego, que implica un vínculo y cierta dosis de representación mental.**

El apego también es conducido por el miedo. No podemos despojarnos de nuestra condición humana. Nuestra naturaleza es vincular. Necesitamos relacionarnos y pertenecer a un grupo.

Aunque se diga que somos seres espirituales viviendo una experiencia humana, como humanos tenemos que lidiar con el apego, el miedo y la tristeza. El duelo.

Casi toda nuestra lucha como humanos y pugna interna es para hacer las mil maniobras posibles para sostener la fantasía de control y permanencia. Pero la vida es cambio y, por tanto, una constante balanza entre lo que pierdo y lo que gano, lo nuevo y lo viejo. Es importante saber apreciar la ganancia y el aprendizaje en cada experiencia.

Constantemente estamos sujetos a la ley del cambio: nuestro cuerpo se regenera de continuo, nuestra sangre y nuestras células de hoy no son las mismas de ayer, ni tampoco serán las mismas de mañana. Pero yo sigo siendo yo. Yo soy.

Ese Mediterráneo que baña nuestras costas, ese Mediterráneo al que cantó Serrat ayer y seguiremos cantando mañana, no es el mismo, pero sigue siendo él. Y, así, la tristeza es el dolor del alma tras la pérdida.

Nos dicen que vivamos sin apegos. Casi todas las filosofías, religiones y disciplinas orientales nos hablan de vivir sin apegos para vivir sin dolor y sin sufrimiento, pero yo creo que **no podemos pelearnos con nuestra condición humana ni nuestro momento de desarrollo espiritual.** Tener más desarrollada la dimensión espiritual ayuda a vivir con más paz y serenidad la tristeza y el duelo.

En este sentido, la ira nos da una falsa energía: es un azúcar simple, un tiro de cocaína al alma. A veces, la ira nos sostiene con alfileres porque el dolor es tan grande que no podemos digerirlo.

Recuerdo una mujer rabiosa contra su exmarido. La había dejado. Tenía un nivel de ira de límites incalculables hacia él y hacia la que ella consideraba la causante de su ruptura.

—¿Para qué tanta ira? —le pregunté.

Hizo un silencio, me miró a los ojos y rompió a llorar:

—Porque me duele tanto que la ira es lo único que me mantiene viva. Si la suelto, creo que no voy a poder soportarlo.

Ese día, por primera vez, pudo rozar la tristeza y el dolor. Ese día pudo empezar a digerir un poquito más. Poder poner ella esas palabras por primera vez a sus emociones la ayudó a empezar a hacer más papillita del bolo alimenticio que el bocado de realidad le había traído a su mesa. Hasta entonces, la palabra no se podía ligar a la emoción. Había una disociación entre cuerpo físico, mental y emocional.

A menudo vivimos duelos no elaborados que nos hacen ir por el mundo orquestados por nuestra mente y nuestras emociones. Es como si nuestra alma abandonase el timón y lo tomasen unos adolescentes que se animan entre ellos, y todos en grupo se crecen y son capaces de hacer cosas sin medir sus consecuencias. Es así como pensamiento y creencias conscientes e inconscientes entran en un juego de retroalimentación con la tristeza, la ira, la culpa y el miedo, todos juntos girando en una rueda mareante, vertiginosa.

En nuestra sociedad actual, las emociones ya no van tan ligadas a la supervivencia física como tal, pero sí a la supervivencia mental y emocional. Las emociones ligadas a la supervivencia física, actualmente, se derivan en tener o crear un empleo y conseguir dinero.

> Cuando nuestros tres cuerpos no están alineados y estamos desligados, estamos desconectados de nuestra esencia y no tenemos paz interior.

Es curioso, como seres humanos, que estemos cada vez más desconectados de nosotros mismos. Y, a la vez, es frecuente escuchar que necesitamos desconectar. En realidad lo que necesitamos para conseguir la paz interior no es desconectar, sino conectar: conectar con nuestra esencia, con nuestro ser, con nuestra alma. Eso solo se consigue cuando alineamos cuerpo físico, mental y emocional.

Entrar en la vorágine del hacer nos puede servir momentáneamente porque, en ese momento, no podemos pescar los pensamientos y darles alas y así, durante ese rato, nos creemos que no pensamos. Pero la máquina de bombear pensamientos no ha dejado de trabajar. Y volverán.

Vivimos una *fast life* en la que se recompensa el hacer. Nuestros pequeños tienen sus agendas sin tiempos libres entre colegio y actividades extraescolares, y los vacíos se llenan con tabletas y chucherías.

También es habitual querer distraer a las personas en duelo desde la creencia de que así no piensan en su ser querido y no se ponen tristes. **Pero el duelo duele y necesita ser atendido.** La distracción es solo procrastinar una realidad que deberá ser abordada física, mental, emocional y... espiritualmente.

La supervivencia, ya sea física, mental o emocional, evoca grosera o sutilmente la realidad de las pérdidas y el miedo a las mismas. Mentalmente, podemos ver comprometida la supervivencia de nuestro ego si no somos reconocidos o valorados. Desde ese miedo raíz crecen las ramas de la vergüenza, el perfeccionismo y la exigencia extrema. La supervivencia emocional puede ir asociada a la identidad profesional y, si se pierde el trabajo, uno siente que ya no es nada.

Alegría

La alegría viene a ser similar a «estar contento». Implica que hay gozo y placer cuando la alegría está conectada al ser y a la verdadera identidad, cuando está inmersa en un halo de serenidad y plenitud. Cuando la alegría se desliga del ser va solo al son que dictan los acontecimientos y, como no llega a llenarnos y a dar sensación de plenitud, puede llegar a convertirse en euforia y manía. En este último caso, sí es posible que la persona acuda a consulta, pero la demanda vendrá por familiares o personas del entorno.

Sorpresa

La sorpresa es eso que sentimos cuando no esperamos algo. Es ese momento en que hay un impacto emocional y estamos en el *impasse* de poder representárnoslo. Es la emoción sin palabras que, en este trance, se presenta a través del cuerpo.

Asco

El asco nos hace rechazar y huir de algo. Nos invita a protegernos. Está muy ligado a la supervivencia. Cuando la comida se estropea, nos asquea, y así nos da la información necesaria, de forma rápida, para no consumirla. Está muy asociado al olfato, que es un sentido muy primitivo.

A modo de resumen

Hay cuatro emociones que aúllan por ser digeridas en el ser humano actual:

- miedo,
- ira,
- culpa,
- tristeza.

En su origen, las emociones estaban ligadas a la supervivencia física. Pero **actualmente las emociones tienen un componente mental muy elevado.**

Nuestra supervivencia mental y emocional es tan importante como la supervivencia física.

Las emociones afectan al cuerpo físico y pueden comprometer nuestra supervivencia física.

El miedo es la emoción primigenia y original. Está orientado a preservar la vida.

La ira es una reacción natural del miedo. Cierta dosis de ira nos mantiene conectados con nuestro ser y se codifica como coraje. Pero la ira desbordada nos desconecta de nosotros.

La culpa es una construcción mental. Suele ser la consecuencia de la recreación mental del pasado o la proyección del futuro. Se alimenta más del pasado que del futuro.

La tristeza es la huella que queda tras perder algo físico, mental, emocional, real o imaginario.

La vida es cambio, el cambio implica pérdida, y la pérdida es un duelo.

Nadie va a pasar su experiencia humana sin haber experimentado procesos de duelo.

Para saber más

* La obra de Bert Hellinger, creador de las constelaciones familiares, describe fantásticamente bien el funcionamiento de los sistemas.

* La película *Inside Out* («Del revés»), es interesante para comprender cómo funcionan las emociones.

* *Sapiens: de animales a dioses. Breve historia de la Humanidad*, de Yuval Noah Harari, ed. Debate.

* *Un año para toda la vida. El secreto mundo emocional de la madre y su bebé*, de Mariela Michelena, ed. Martínez Roca, describe maravillosamente, y con cierta dosis de humor, cuán importante es ese maravilloso y mágico primer año de vida para sentar las bases de lo que será nuestro despliegue simbólico.

* «La tristeza y la furia», en *Cuentos para pensar*, de Jorge Bucay. Uso ese cuento con pequeños y grandes en consulta.

Conclusiones de la parte I

- La digestión emocional es un **proceso**, y todo proceso requiere **tiempo**.
- La digestión emocional implica **nutrirse y crecer** trascendiendo a las emociones derivadas de una experiencia real.
- Las emociones se digieren con la ayuda de dos enzimas emocionales:
  - la respiración y
  - la palabra.

- La respiración nos viene dada. Podemos aprender la respiración consciente.
- La tradición yóguica nos ofrece infinitas maneras de actuar en nuestro cuerpo físico, mental y emocional a través de los pranayamas (respiraciones conscientes dirigidas por uno mismo).
- La palabra y su poder alquímico dependen del desarrollo simbólico del sujeto.

- El vínculo con la figura materna y los patrones de crianza facilitan el terreno donde hacer germinar la semilla del pensamiento simbólico y del lenguaje.
- **La palabra construye y también destruye.**
- Las emociones básicas que tenemos que digerir son:
  – miedo,
  – ira,
  – culpa,
  – tristeza.

- Todas las emociones son buenas y funcionales.
- La emoción primigenia es el miedo.
- El sentimiento universal es el amor.
- La digestión emocional nos facilita vivir con tendencia a ser felices.
- Ser feliz es diferente a estar contento.
- El proceso digestivo emocional culmina con la **evacuación**. Este paso es puramente mental y del ego: dejar ir los pensamientos al pasado y al futuro, dejar de hacernos preguntas que no tienen respuesta, estar presentes.

Con nuestros hijos
- Debemos mantener un **equilibrio de presencia y ausencia.**
- Es importante que primero les nombremos las emociones.
- Aceptamos sus emociones, limitamos sus conductas.
- Fomentamos el juego simbólico y el juego libre.

- Limitamos su uso de la tecnología en los primeros años.
- Establecemos un orden claro de:
  - límites,
  - hábitos,
  - normas,
  - responsabilidades (individuales y grupales).

- Damos opciones para elegir.
- Permitimos que asuman las consecuencias de sus elecciones.
- Al finalizar el día:
  - Permitimos un tiempo de quietud y silencio para sentir el patrón de respiración.
  - Facilitamos que evoquen lo que han hecho, pensado y sentido en la jornada del día.

PARTE II

6.
Digestión emocional
y cuerpo físico

La psicología y el cuerpo físico

Digerir las emociones en la vida real, en el cuerpo físico, el cuerpo mental y el emocional, nos afecta tanto si somos pequeños como grandes en nuestro cuerpo, en nuestras relaciones de intimidad y también en nuestra adaptación a los cambios y a las pérdidas.

Es sabido que las emociones afectan al cuerpo físico. Todos hemos experimentado situaciones en las que la emoción nos ha hecho sudar, contraer los músculos o sonrojarnos, e incluso nos ha provocado dolor de cabeza o de estómago.

En mayor o menor medida, todos somos conscientes de que no terminar el proceso de digestión emocional afecta a nuestro organismo. En ocasiones, desde la medicina, incluso a veces desde la psicología, se banaliza el hecho de que las enfermedades físicas tengan un importante sustrato emocional y mental. Cuando hablas de ello se hace necesario documentarlo hasta el infinito para no caer en el llamado mundo de las pseudociencias. Al menos, así lo he vivido yo, empezando por el día que comuniqué en casa que quería estudiar Psicología.

Para mi padre, la psicología era una pseudociencia, y me dijo que estudiase algo más serio. Supongo que en su opinión influía el hecho de que mi padre es médico, y que todo su linaje familiar estuviera conformado por una saga entregada a la ciencia compuesta por médicos y farmacéuticos.

Con veintidós años empecé a trabajar en un centro de Atención Temprana, y fue ahí cuando mi padre comenzó a interesarse por mi profesión y mi carrera. No tardó en disculparse y explicarme que, cuando me dijo aquello, desconocía las posibilidades y la realidad de la psicología. Desde entonces siempre se ha interesado por mi trabajo, e incluso ha llegado a presidir Funvida, la mesa de la «I Jornada de Duelo» que hicimos en el hospital Joan XXIII de Tarragona. En su discurso abogaba por el papel de los psicólogos en situaciones cotidianas del día a día hospitalario. Yo viví sus palabras como un reconocimiento a mi persona.

Volviendo a la relación entre la emoción y el cuerpo físico, en este capítulo veremos aspectos clave en la relación cuerpo/emoción:

- Asociación entre emoción y función de órgano, desde las disciplinas orientales.
- Cómo afecta el estrés al sistema nervioso y al resto de los sistemas.
- Asociación de los tipos de personalidad y enfermedad física.

El estrés y el mito del «tiempo de calidad»

Hablar de estrés se ha convertido en un comodín para referirnos popularmente a todo tipo de emociones no digeridas. Cuando estudié la carrera, allá por la década de 1990, nos decían que **el estrés es la sensación, real o imaginada, de no tener tiempo de hacer lo que tienes o quieres hacer.** La ansiedad, por su parte, se definía entonces como **la sensación de miedo difuso o a algo más o menos concreto; conforme se va concretando más ese miedo, nos vamos acercando a las fobias.**

Seguro que a todos nos resultan familiares frases como estas: «No tengo tiempo…», «Si tuviera tiempo…», «El día debería tener diez horas más». Entre amigos, en el autobús, en la oficina o en una cafetería. Estoy segura de que a lo largo del día las escuchamos o las pronunciamos más de una vez.

Te propongo que estés atento y pongas conciencia para comprobar si estamos expuestos a esta especie de «mantra de la nueva era» que forma parte de nuestro ruido, ya sea interno o externo. Si es así, el simple hecho de estar bajo esa vibración ya es un **potenciador del estrés**, y esto es así porque, como hemos dicho, el estrés es la sensación, real o imaginada, de «**no tener tiempo**» de hacer algo.

Como padres del siglo xxi, nos han vendido la idea de que a nuestros hijos basta con darles «tiempo de calidad»: es un modo de poner un parche a la culpa que sentimos por no estar presentes en su día a día.

Bajo esta idea, es frecuente que nuestros hijos perciban

un desequilibrio en el juego de nuestra presencia y ausencia como padres. No estamos durante largas jornadas y, cuando estamos, lo hacemos en exceso, sin dejar espacio y controlando. Además, muchas veces estamos sin querer estar, porque esa imposición masiva de que «ahora toca niños» hace que no resulte algo fluido y natural, y donde el niño tal vez no responda como deseamos porque, sencillamente, puede darse el caso de que ahora sea él quien no quiera estar, o esté de un modo tan absorbente que nos den ganas de salir corriendo.

> **Tenemos que recuperar el equilibrio entre estar/no estar.** Es un arte que nos resultará básico para transitar desde la infancia hasta la adolescencia de nuestros hijos sin caer en el control o la permisividad total.

Tampoco podemos obviar el **marco social** en el que transcurre nuestro día a día: vivimos en una sociedad con marcada tendencia a la inmediatez, a la eficacia, a la acción, a los resultados. Más aún cuando vivimos en una gran ciudad.

Actualmente se aceleran cada día los ritmos y procesos naturales, y ello hace que el ritmo de vida cotidiano no facilite los tiempos que la digestión de las emociones requiere. Por poner un ejemplo, en el trabajo te dan los mismos días libres por mudanza que por la muerte de un familiar de primer grado. Se da una respuesta al tiempo físico que ocupa el tanatorio y posterior entierro y, con suerte, el que se precisa para hacer algún trámite legal, pero no se da tiempo para asumir los procesos del duelo y sí, en cambio, son infinitos los cursos y las fórmulas que se ofrecen para la gestión del tiempo en el trabajo, de manera que multinacionales y grandes empresas destinan recursos para que sus empleados se formen en el arte de aumentar su nivel de eficacia y productividad. Sin duda el tiempo es oro, ¿verdad?

Pero el tiempo, más que oro, es **finito**. Y debemos aceptar la realidad de lo finito y, también, que **nuestra condición física es igualmente finita**. El tiempo es VIDA.

> La mejor manera de ser eficaz en la gestión del tiempo es estar presente y ser realista.

Requisitos para estar presente

Hoy en día, casi todo el mundo ha oído hablar de la atención plena con el *mindfulness*. **Estar presente implica estar alineado con cuerpo, mente y emoción.** Es un círculo que se retroalimenta: si estoy presente, la mente no divaga ni se dispersa en viajes al futuro o al pasado.

La mente, por su naturaleza, bombea pensamientos como el corazón bombea sangre. No es malo pensar del mismo modo que ya hemos visto que las emociones no son malas en sí mismas. Como dice el dicho: «La dosis hace el veneno». Lo que sí puede resultar negativo es ceder el poder a la mente. **Cuando la mente toma el poder, hay un desequilibrio**

entre cuerpo físico, mental y emocional. Eso provoca que las emociones, nutridas por los pensamientos, se disparen. Ellas también quieren el timón del barco.

Uno debe liderarse a sí mismo, y ese liderazgo le corresponde a nuestra **esencia, al alma, al ser.** Si nuestra esencia no asume la capitanía del barco, la mente y las emociones se disputarán el liderazgo, pugnando entre ellas para tomar las riendas, retroalimentándose las unas a las otras y dejando al cuerpo físico agotado y sin energía. Al final ello nos conduce al **caos.**

Desde Oriente se tiene una concepción más holística e integradora del ser humano. La medicina oriental, desde disciplinas muy diversas, asocia las emociones básicas a funciones de órgano y meridianos:

- **Miedo** → musculatura, aparato genitourinario y oídos;
- **Ira** → vesícula biliar, hígado y vista;
- **Preocupación** → estómago, bazo y páncreas;
- **Estrés** → corazón e intestino delgado;
- **Tristeza** → pulmón e intestino grueso.

Si atendemos a nuestro refranero popular, observaremos también cómo en Occidente, en nuestro propio país, se aprecian asociaciones similares, con dichos que de manera intuitiva e inconsciente evocan una asociación similar:

«Fulanito me pone del hígado»,
«Tengo el hígado encebollado»,

«Estaba tan enfadado que parecía que se le iba a salir la bilis por la boca»,

«Más vale ponerse una vez colorado que cien amarillo»,

«Tengo el corazón en un puño»,

«Se me hizo un nudo en la garganta»,

«Siento mariposas en el estómago»,

«Me meo de risa»,

«Te cagas de miedo».

Sí, en efecto: si no digiero, recurro al cuerpo y a funciones fisiológicas.

Para digerir emociones, como ya hemos visto, entran en juego la **respiración** y la **palabra**.

- La respiración **nos ancla al presente**, a la vez que nos ayuda al buen funcionamiento de nuestro cuerpo físico.
- La palabra **nos contiene**. Para poder poner palabras, necesitamos ser conscientes, poder mirar aquello que toca digerir de frente y con honestidad. Para ello requerimos tener capacidad simbólica y lingüística. Cuando el impacto es muy grande, por mucha capacidad simbólica que tengamos, no podemos representarlo ni digerirlo: necesitamos recurrir al cuerpo.

Cuando he acompañado en primeros auxilios a personas en situaciones de muerte súbita de hijos o parejas, lo habitual es que los seres queridos no puedan mantenerse en pie. Otras veces, al ir a dar una noticia bomba, seguro que le hemos dicho a nuestro interlocutor: «¿Estás sentado?» o, tal vez, nos han agarrado de la mano y nos han dicho: «Ven, siéntate». Son momentos en que uno no puede habitar su cuerpo y es preciso un sostén externo físico. Por eso es tan importante cuidar el entorno cuando vamos a dar una mala noticia. Contar con un espacio acogedor, donde las personas se puedan sentar y expresar libremente es imprescindible. Un espacio así se hace básico en lugares donde con frecuencia se comunican este tipo de informaciones (hospitales, comisarías, juzgados, anatómico forense...).

A veces las malas noticias hay que comunicarlas en entornos no preparados. En estos casos tendremos que improvisar y adaptar en la medida de lo posible el entorno. ¿Qué se precisa en estas situaciones?:

- Facilitar que la persona pueda sentarse.
- Facilitar que pueda moverse.
- Facilitar que pueda expresarse libremente.
- Facilitar que tenga intimidad.

Aunque parezca contradictorio, decir que puedan sentarse y puedan moverse no lo es. Como ya hemos apuntado, se puede oscilar entre el derrumbe físico y la necesidad de movimiento.

Por eso es tan importante contar con un espacio adecuado y cuidado en las salas de espera de urgencias, de las UCI.

Ya sea por la experiencia de la vida real o a través de películas de ficción, todos conocemos esa imagen de alguien apoyado en la pared, dejándose caer, deslizando el cuerpo por ese muro que se torna un sostén para el alma, para terminar fundiéndose en el llanto, acurrucado sobre sí mismo, sentado en el suelo del pasillo del hospital o del lugar donde recibe el impacto.

La primera vez que viví la fuerza del impacto de una muerte súbita fue acompañando a una amiga en el Instituto Anatómico Forense tras el suicidio de su pareja. Ella, literalmente, no se sostenía de pie. Una vez en su casa, se replegaba en sí misma, abrazando su propio cuerpo y balanceándose sobre sí misma.

Cuando mi acompañamiento ha sido profesional y no personal, he podido ver cómo se repite la misma escena una y otra vez: cuando la emoción que produce el impacto no puede contenerse recurrimos al cuerpo. Y aquí llega el momento en que me tomo la licencia de definir el **estrés** a mi manera, como un **conjunto de emociones no digeridas**.

En la página siguiente, vemos la Escala de Acontecimientos Vitales Estresantes.

Como podemos observar, la escala se refiere a acontecimientos que tienen que ver con duelos y cambios en la vida económica-laboral, salud y vínculos de intimidad.

Es decir, todos ellos implican la digestión de las emociones derivadas de un acontecimiento de gran impacto emocional.

Escala de acontecimientos vitales (Holmes y Rahe, 1976)
Acontecimientos Vitales que se han sucedido en los doce últimos meses

1. Muerte del cónyuge:	100	24. Hijo o hija que deja el hogar:	29
2. Divorcio:	73	25. Problemas legales:	29
3. Separación matrimonial:	65	26. Logro personal notable:	29
4. Encarcelación:	63	27. La esposa comienza o deja de trabajar	28
5. Muerte de un familiar cercano:	63	28. Comienzo o fin de la escolaridad:	26
6. Lesión o enfermedad personal:	53	29. Cambio en las condiciones de vida:	26
7. Matrimonio:	50	30. Revisión de hábitos personales:	25
8. Despido del trabajo:	47		24
9. Desempleo:	47	31. Problemas con el jefe:	23
10. Reconciliación matrimonial:	45	32. Cambio de turno o de condiciones laborales:	20
11. Jubilación:	45	33. Cambio de residencia:	20
12. Cambio de salud de un miembro de la familia	44	34. Cambio de colegio:	20
13. Drogadicción o alcoholismo:	44	35. Cambio de actividades de ocio:	19
14. Embarazo:	40	36. Cambio de actividad religiosa:	19
15. Dificultades o problemas sexuales:	39	37. Cambio de actividades sociales:	18
16. Incorporación de un nuevo miembro a la familia:	39	38. Cambio de hábito de dormir:	17
17. Reajuste de negocio:	39	39. Cambio en el número de reuniones familiares:	16
18. Cambio de situación económica:	38	40. Cambio de hábitos alimentarios:	15
19. Muerte de un amigo íntimo:	37	41. Vacaciones:	13
20. Cambio en el tipo de trabajo:	36	42. Navidades:	12
21. Mala relación con el cónyuge:	35	43. Leves transgresiones de la ley:	11
22. Juicio por crédito o hipoteca:	30		
23. Cambio de responsabilidad en el trabajo:	29		

No AVE	Puntuación =

Fuente: *De la Revilla, 1994*

El impacto del estrés en nuestras emociones

¿Cómo repercute en el sistema nervioso acumular emociones no digeridas? ¿Cómo nos afecta física y mentalmente estar estresados?

- Físicamente, nos afecta en el sistema nervioso y, como consecuencia, en todas nuestras funciones básicas.
- Mentalmente, nos afecta desde el sustrato cognitivo, que se sostiene desde el sistema nervioso.

¿Cómo afecta el estrés a los niños?

En los niños el estrés tiene un impacto muy grande. Ellos aún están desarrollando su sistema nervioso y, además, en edades tempranas el lenguaje aún no está consolidado. Y si no se despliega la función simbólica al cien por cien, aunque accedan al lenguaje, la palabra difícilmente hace las veces de enzima emocional y puede, en cambio, quedarse en un discurso racional que desconecta y no se imbrica con el cuerpo emocional.

¿Cómo gestiona el cerebro el estrés?

Hablaré de sistemas, no solo de órganos.

El sistema regulador del estrés es el **sistema psiconeuroinmunoendocrino,** que es, en realidad, la suma de varios sistemas. Del funcionamiento armónico de este sistema va a depender la salud de nuestro cuerpo físico. Veamos de una forma sencilla y escueta cuál es el papel de algunos de los actores principales en este escenario del estrés y el cuerpo físico:

- **El sistema inmune:** diferencia lo mío de lo ajeno. Ataca a lo ajeno, repara lo propio. Está vinculado, también, al aparato digestivo y a la buena condición de nuestro intestino.
- **El sistema endocrino:** se ocupa de la regulación lenta. Se rige por las hormonas; destaca por su importancia la hormona antidiurética, que regula funciones sociales e intelectuales.
- **El sistema nervioso:** es el encargado de la regulación rápida. Cuenta con el sistema nervioso simpático y el sistema nervioso parasimpático.

  Podemos decir que el sistema nervioso simpático es reactivo y el sistema nervioso parasimpático es reflexivo.
- **El sistema límbico** realiza funciones metabólicas muy asociadas a la supervivencia. Función térmica, respuesta sexual y respuestas vegetativas. Regula las emociones y la memoria.

  Se compone de:
  - **Hipotálamo:** es el «gran director de orquesta», se encarga del equilibrio interno a través de la regulación del sistema endocrino y el sistema nervioso.
  - **Tálamo:** se encarga de suprimir sensaciones menores para que el cerebro se concentre en sensaciones más importantes. Tiene que ver con la conducta afectiva, la memoria, la integración de actividad sensitiva y motora.

Asocia la sensación con la emoción y es la antesala de la corteza cerebral. Es el centro de relación entre la médula y el cerebro.

- **Hipocampo**: es el gran afectado en la enfermedad de Alzheimer. Almacena recuerdos episódicos, ligados a acontecimientos vitales. Recoge la información de los sentidos y lo asocia a una persona, lugar, etcétera. Nos ayuda a comprender lo que sabemos. Controla la memoria espacial y consolida el aprendizaje y la memoria.
- **Amígdala**: asigna significado emocional a los estímulos de cualquier modalidad. Tras evaluar el estímulo como amenaza o como ganancia, se comunica con el resto del cerebro y organiza las respuestas conductuales, neurovegetativas y hormonales. Tiene un papel importante en la regulación de la ansiedad y del efecto de los olores en la respuesta sexual.
- **Bulbo olfatorio**: capta la información olfativa, diferencia entre olores, inhibe el efecto a la captación de determinados olores o cuando se lleva mucho tiempo expuesto a ellos y participa en el proceso emocional de la información olfativa.

• **La corteza prefrontal**: nos ayuda a ser conscientes de que somos conscientes. Nos permite anticipar consecuencias y reflexionar sobre las emociones. Es el cerebro de los «sentimientos» y... ¡se puede y se debe educar! La corteza prefrontal se va desarrollando a lo largo de la infancia y adolescencia. Se ve muy afectada por el uso y el abuso de alcohol y otras sustancias, así como por las nuevas tecnologías y redes sociales. Digamos que regula, junto con el sistema límbico, en cierto modo y dicho de manera muy básica y superficial, la conducta adictiva.

- **El hemisferio cerebral izquierdo**: es la parte más racional del cerebro. Se rige por una lógica de tendencia más convergente y lógica. Tiene que ver con el habla y el lenguaje.
- **El hemisferio cerebral derecho**: es el hemisferio emocional. Su funcionamiento es más creativo, más divergente y graba en imágenes y no en palabras.
- **Ínsula**: es un puente que comunica ambos hemisferios.

¿Cómo afecta la enzima emocional de la palabra a nuestro cerebro?
La palabra ligada a la emoción facilita que las experiencias grabadas en el hemisferio cerebral emocional (derecho) en imágenes se desplacen a través de la ínsula al hemisferio cerebral racional (izquierdo).

Hasta aquí una breve descripción del funcionamiento de los sistemas más implicados en el estrés y la digestión emocional. Te animo a leer el libro *El cerebro del niño*, de Álvaro Bilbao, que explica de forma más profunda, y a la vez muy sencilla, cómo se desarrolla y funciona el cerebro.

Las emociones y su relación con el cuerpo físico

La conexión de la emoción con el cuerpo físico es más inmediata que con el cuerpo cognitivo o mental. Una emoción no deja de ser un sistema de conductas. Nuestra tarea educativa, emocionalmente hablando, es facilitar el proceso:

Emoción - Sentimiento - Actitud - Patrón de conducta

Cuando no hay transmutación de la emoción en sentimiento, saltamos directamente a la actitud y al patrón de conducta o reacción.

Podemos tener hábitos mentales y conductuales que nos hacen daño y son perjudiciales para nuestra salud física o mental. Cuando no digerimos emocionalmente, no transmutamos la emoción en sentimiento y recurrimos a patrones de conducta o reacciones no saludables. En esos estados es más frecuente el consumo de tabaco, alcohol, drogas y azúcares simples.

Destaco la necesidad de incluir aquí también el **uso de redes sociales** y de **videojuegos**: nuestros hijos son denominados «nativos digitales». Es importante que conozcamos que el efecto del abuso de las tecnologías es similar al efecto del abuso de sustancias como la cocaína: en el cerebro se activan los mismos centros de placer y es similar el riesgo de pasar del uso al abuso, y de aquí a la adicción y a la dependencia.

En nuestros hijos debemos:

- cuidar su alimentación (evitar chuches, *fast food* y bebidas gaseosas azucaradas),
- controlar el uso de la tecnología.

Ya hemos visto que estos productos **afectan a la corteza prefrontal** y suponen consecuencias comportamentales. Nuestro nivel de vibración general desciende cuando estamos bajo los efectos de la emoción y nuestra tendencia es sentirnos atraídos por hábitos y sustancias que potencian esa baja vibración.

Recordemos, también, que la corteza prefrontal es el cerebro de los sentimientos, el cerebro de la planificación y de las consecuencias. Por lo tanto, biológicamente, también se va a amplificar aún más la tendencia a la reacción.

La activación constante del sistema nervioso simpático y los malos hábitos tienen consecuencias desastrosas en nuestro cuerpo físico. Acaban afectando a todos nuestros sistemas y pueden aparecer signos, síntomas y, más adelante, si se sostienen en el tiempo, enfermedades. La asociación de enfermedad física y mala digestión emocional no tiene nada de esotérico ni subjetivo.

El sistema nervioso simpático regula la acción. Nos dispone a la acción rápida sin mediar pensamiento. Es el sistema del estrés. Nos facilita acciones de huida, ataque o bloqueo. Se puede ver directamente asociado el sustrato del miedo en la respuesta de estrés.

Recordemos, también, el significado etimológico de «emoción»: «que lleva a la acción», y, también, «que saca de su sitio». **La emoción nos saca de nuestro centro, de nuestro eje, de nuestro ser.**

Veamos un cuadro sencillo de signos y síntomas de un sistema nervioso equilibrado o un sistema nervioso estresado:

SISTEMA NERVIOSO SIMPÁTICO EQUILIBRADO	SISTEMA NERVIOSO SIMPÁTICO ESTRESADO
Claridad mental	Obsesión, rumiación
Pupilas ajustadas a la luz	Dilatación de las pupilas Ojos cansados
Corazón en equilibrio y bombeo natural	Hipertensión arterial y sus consecuencias cardiacas
Buena capacidad pulmonar Respiración abdominal Intercambio de gases	Respiración torácica y clavicular Crisis de ansiedad
Eutonía muscular Fortaleza muscular	Contracturas Debilidad muscular
Nivel de glucosa en sangre equilibrado	Aumento del nivel de glucosa en sangre, diabetes
Temperatura estándar	Piel fría, disminución de la temperatura corporal
Sangre en su punto medio de densidad	Aumento de la densidad de la sangre (se espesa y conlleva consecuencias derivadas de ello)

Como vemos, las respuestas del cuerpo al estrés están muy bien si nos hallamos en una batalla, en un combate físico real o frente a un depredador: se dilatan las pupilas, la sangre se espesa y se sangra menos si hay una herida para favorecer que tardemos más en desangrarnos. Estamos centrados mentalmente en un objetivo claro y concreto.

Hay otras funciones importantes que disminuyen en ese estado, porque en ese instante no son prioritarias y el cuerpo debe estar concentrado en la lucha y la supervivencia. Estas funciones son:

- digestión,
- función renal,
- función de reparación celular,
- sistema inmune.

Son acciones secundarias para la supervivencia en un momento de riesgo vital inminente, pero si no debemos protegernos de un animal salvaje ni huir de un ladrón o un violador, estas funciones no son en absoluto secundarias. Entonces sí nos perjudica que nuestro sistema digestivo esté al ralentí, porque nuestras digestiones serán más lentas y pesadas. Si, además, ingerimos peor calidad de alimentos y consumimos sustancias tóxicas, entorpecemos aún más el proceso digestivo.

La importancia de los riñones

Los riñones son unos órganos mágicos. Necesitamos que la función renal no esté disminuida. Desde la medicina oriental son «lo más de lo más»: almacenan la energía vital y conservan la herencia ancestral energética. Ellos nos hablan del jin, que es la dosis total de energía vital que traemos al nacer: si no somos hábiles en recargar nuestra energía y fuerza vital con el prana, nuestro organismo recurrirá al jin, al depósito de reserva almacenado en los riñones, que es finito. Si lo consumimos pronto, rápidamente terminará nuestra salud física y nuestra estancia en el cuerpo físico; por el contrario, si regulamos el arte de adquirir prana y mantener nuestros sistemas en armonía a través de los hábitos físicos, mentales y emocionales, nuestro jin se consumirá más pausadamente.

Como ya hemos visto, desde el ayurveda nos explican que el prana lo adquirimos a través de la respiración (el 80 %) y el 20 % restante lo tomamos de la alimentación, las relaciones, nuestros hábitos (yoga, deporte, tipo de información que adquirimos…). No es por tanto, por poner un ejemplo simple, solo la calidad del automóvil y los kilómetros de rodaje, también influyen el combustible, el modo de conducción, la carretera y las condiciones meteorológicas.

Pues así, igualito que en un coche, nuestro querido y preciado cuerpecito gestiona la energía del jin. Cuidar los riñones desde la medicina oriental es el arte de la salud y la larga vida.

Antes decía que la emoción primigenia es el miedo. Pues bien, los orientales asocian la emoción del miedo al riñón.

Para la medicina occidental el riñón también es un órgano rey.

La función principal de los riñones es la depuración de la sangre. La sangre crea las células; las células crean los órganos; los órganos crean los sistemas… Al comer, a través de la digestión, fabricamos nuestra sangre. Según lo que comemos y cómo lo digerimos, dependerá la calidad de nuestra sangre.

El estrés afecta a nuestra sangre a través de dos vías:

- por la alimentación y
- por el exceso de sistema nervioso simpático (SNS).

Y, amigo, ¿qué es lo primero que solicita hacer un médico occidental para ver nuestro estado de salud? ¡Un análisis de sangre!

Los riñones, además de su función depurativa, tienen otras funciones destacadas:

- Eliminan residuos metabólicos.
- Ajustan el metabolismo del agua y de los electrolitos.
- Intervienen en el metabolismo del calcio, del fósforo y de la vitamina D.
- Tienen que ver con la calcificación de los huesos.
- Tienen un papel decisivo en la creación de la hormona eritropoyetina, cuyo déficit se relaciona con la creación de glóbulos rojos y, por ende, de la anemia.

Las disciplinas orientales cuidan con mimo los riñones que, repito, se asocian con el miedo, que es a su vez la emoción primigenia y la base del estrés.

Las mujeres orientales no suelen tener tanta osteoporosis como las occidentales. Durante una época se puso de moda tomar cápsulas de soja para prevenir la osteoporosis y los síntomas de la menopausia, pero una conducta aislada no funciona. Siempre va a asociada a un sistema y a un engranaje mayor.

La anemia produce cansancio. El déficit de vitamina D se asocia a síntomas pseudodepresivos. Nuestros riñones no solo tienen que ver con depurar la sangre y orinar, eliminando desechos: los riñones debilitados también están en la base de nuestro estado de ánimo, occidentalmente hablando.

La reparación celular y la alteración del ciclo de la célula están directamente relacionadas con procesos tumorales y cáncer.

El estrés y el sistema inmune

Otro sistema afectado por el estrés es el sistema inmune. Sin un buen sistema inmune, estamos sin ejército que nos proteja.

Hace años se temía al sida (síndrome de inmunodeficiencia adquirida), y se decía que una persona con sida no fallecía por esta enfermedad, sino porque su sistema de defensas era tan poco eficaz que no podía proteger su cuerpo.

En enfermedades autoinmunes como el lupus, el organismo se defiende y ataca a las células que no debe, porque identifica como agresoras y agentes externos a las propias. En los procesos de cáncer, por su parte, es bien sabido que en los tratamientos químicos bajan las defensas.

Cuando hay un nivel de estrés elevado, el sistema inmune se vuelve más frágil. Es decir: **cuando no hay digestión emocional, el sistema inmune se debilita.** En esas circunstancias somos proclives a enfermar porque cualquier agente externo nos afecta más: desde un simple catarro a temas más serios.

Dependerá también de nuestra cantidad de jin, de nuestra constitución, respiración, alimentación…

El estrés y las enfermedades somáticas y psicosomáticas

En la universidad nos explicaban la diferencia entre:

* los **síntomas conversivos y somáticos** de las personalidades histéricas,
* los **síntomas de cuadros psicosomáticos o síntomas psicosomáticos.**

En relación con los primeros, recuerdo a mi profesor de la facultad, Teodoro Herranz, diciéndonos que, cuando la persona es consciente y se da cuenta de dónde viene el origen del síntoma físico, este tiende a remitir. Es suficiente casi solo con «poner palabra». De nuevo, la magia de las palabras.

En cambio, en el segundo caso, la persona no puede llegar a acceder a qué produce el síntoma; es como si hiciese una negación profunda, una escisión. La emoción la traslada al cuerpo sin ser consciente de ello: no hay representación ni acceso al mundo simbólico.

Es como si, en el primer caso, la emoción no digerida quedase en el preconsciente y, por tanto, pudiésemos acceder a ello con más o menos facilidad.

Desde el psicoanálisis clásico se dice que podemos acceder

al preconsciente, no al inconsciente, al que no podemos acceder directamente para darle un significado, para poner palabra. Solo podemos acceder a sus efectos, a la punta del iceberg. En el segundo caso, la emoción pasa al inconsciente directamente.

Explicado desde otra óptica, en un caso la experiencia queda grabada en el hemisferio derecho (emocional) y no puede ser transportada al hemisferio izquierdo (racional).

Recupero aquí lo ya dicho: **para digerir necesito el lenguaje, la palabra, la representación ligada a la emoción.** Es por eso por lo que los bebés, los niños pequeños y no verbales, tienden a ponerse malitos con más frecuencia. Además de que su sistema inmunológico está en desarrollo, su sistema lingüístico y su cerebro también. En su caso, no es que nieguen o escindan: **aún no se han desarrollado todas sus enzimas emocionales.**

Todos los que somos padres o madres y hemos llevado a nuestros hijos a la guardería hemos pasado por la misma situación: los pequeños estaban sanos y felices en casa, y nos consta que las guarderías no fumigan con virus y bacterias el ambiente. Es más, hay un cuidado extremo en higiene y demás aspectos asociados. Pues bien, de pronto… ¡todos los pequeños empiezan a enfermar!

Esto sucede porque los sometemos a un nivel de estrés elevado y, con un sistema inmune vulnerable y sin lenguaje, recurren al cuerpo.

El cuerpo, amigo, nunca miente.

Todos tenemos **pensamientos y creencias conscientes, preconscientes e inconscientes.** Ser padres nos despierta infinitas tendencias reactivas que nacen de ellos. Un buen modo de depurar la basura del inconsciente es a través de la meditación. Es bueno para nuestros hijos que nos tomemos en serio nuestra higiene mental y emocional. Con la meditación no hace falta hurgar ni poner palabra, a veces cuando queremos hacer eso con el inconsciente, lo que ponemos es un exceso de mente y de ego.

Sigamos con los estudios que hablan de la influencia de las emociones en nuestra salud física. Los cardiólogos Meyer Friedman y Raymond Rosenman nos hablan de los tipos de personalidad y las enfermedades asociadas. Veamos un cuadro que lo muestra de manera muy sencilla:

PERSONALIDAD	CARACTERÍSTICAS	ENFERMEDAD
TIPO A	Competitivos Rápidos Rígidos Muchas tareas a la vez Hostiles Dependencia e involucración laboral elevada Poca tolerancia a opiniones ajenas	Enfermedad coronaria Tensión arterial y frecuencia cardiaca elevada Dureza en las arterias Migrañas Hipercolesterolemia Accidentes Asociado el consumo de alcohol y tabaco
TIPO B	Relajados, empáticos, creativos, asertivos, cálidos, seguros, disfrutan de lo que hacen	No hay enfermedad asociada
TIPO C	Niegan y reprimen las emociones Complacientes e inseguros Miran por los demás descuidando sus deseos y necesidades	Cáncer Enfermedad autoinmune Alergias e infecciones

PERSONALIDAD	CARACTERÍSTICAS	ENFERMEDAD
TIPO D	Inhibidos, cerrados, reservados Se quejan por todo Pesimistas Baja autoestima	Ansiedad Depresión Enfermedad coronaria

Las diferentes personalidades tienen que ver con **diferentes estilos de afrontamiento del estrés**. Es decir, con diferentes maneras de digerir las emociones. Vemos que las personalidades que peor digieren las emociones viven con más estrés y con mayor riesgo de enfermar:

- **Los que tienden a la diarrea o vómito emocional**, los que no se guardan nada y lo sueltan todo de manera explosiva tienden a las enfermedades coronarias (tipo A).
- **Los que se lo tragan todo y no evacuan** se quedan con un marcado estreñimiento emocional, tienden a enfermedades como el cáncer y del sistema inmune: no se defienden adecuadamente, no ponen límites (tipo C).
- **Los que sí digieren las emociones** pueden relacionarse, nutrirse y ser productivos (tipo B).
- **Los que no tienen un ritmo equilibrado en sus evacuaciones** alternan procesos de diarrea y estreñimiento.

El tratamiento para las emociones y la enfermedad

Recordemos las funciones de la célula: nutrición, relación y reproducción. Nosotros, al igual que las células, estamos sanos cuando hacemos estas tres funciones en armonía:

- Realizamos una digestión completa: física, mental y emocional.
- Nos relacionamos sin conflictos.
- Somos productivos (no solo reproduciéndonos como especie, también con nuestros proyectos).

Estas funciones, además, van en orden: **cuando digiero las emociones me relaciono mejor y produzco a través de mis talentos.** Tiendo a vivir sereno y feliz.

> Tener en cuenta la implicación de las emociones en el desarrollo de las enfermedades no excluye tratarlas farmacológica o quirúrgicamente.

Yo propongo un modelo integrador, no exclusivo ni alternativo, tampoco complementario. También me interesa recalcar que es preciso tener mucho cuidado porque, cuando se conoce la relación directa que existe entre emoción y salud física, se puede llegar a sentir un **exceso de responsabilidad** o **sentimiento de culpa si se enferma.** Evidentemente, tenemos una responsabilidad en nuestro estado de salud, pero entrar en la rueda de la culpa y la ira no nos va a ayudar a digerir la emoción ni a favorecer el proceso de sanación.

Nuevamente tenemos que aceptar lo que no podemos cambiar y cambiar lo que sí. En este caso podemos revisar nuestros hábitos físicos, mentales y emocionales.

También es cierto que, como ya se ha dicho tantas veces en este capítulo, existe una realidad incuestionable: el cuerpo físico es finito. Todos moriremos algún día. La batería de jin no es infinita.

Con todo, sí **creo que la salud está en nuestras manos en un elevadísimo porcentaje**, y cuando no digerimos las emociones y nos estresamos, nuestros sistemas físicos se alteran y afectan a la globalidad de nuestro ser.

Alimentación y salud del intestino

No quiero terminar este capítulo sin incidir un poco en la alimentación y la salud de nuestro intestino tanto en relación con los adultos como, sobre todo, con los niños, pues es sabido que los hábitos de alimentación de los niños del siglo xxi distan mucho de nuestros hábitos cuando nosotros éramos niños. Por otra parte, cada vez hay más estudios sobre el intestino y su importancia en nuestro estado de salud, hasta el punto de que hay quien refiere que el intestino es un segundo cerebro y que de su bienestar depende el bienestar de nuestro sistema nervioso, además de que se asocia su hiperpermeabilidad con intolerancias alimenticias, alergias y enfermedades del sistema inmunitario.

El **intestino delgado** es el órgano encargado de discernir, de discriminar lo que debe ser asimilado y absorbido para pasar a formar nuestra sangre y nuestras células. También decide lo que debe ser enviado al intestino grueso para ser evacuado.

Desde la medicina oriental, **la asociación del estrés con el intestino delgado es directa**: si nuestro intestino es hiperpermeable, no filtra, deja pasar todas las sustancias. También es importante nuestro grado de hiperpermeabilidad mental y emocional: si somos o no capaces de filtrar lo que nos quedamos y lo que no.

Desde el plano físico, es muy importante prestar atención a qué comemos y cómo lo comemos.

Como padres, tenemos la responsabilidad de educar en hábitos alimenticios y ser conscientes de con qué estamos alimentando a nuestros hijos. Es importante transmitir a través de nuestro ejemplo a niños y adolescentes.

La alimentación afecta directamente a nuestro estado en su conjunto. Evitar azúcares simples, procesados, carnes rojas, estimulantes, alcohol y bebidas gaseosas azucaradas hace que nuestra salud física, mental y emocional se vea intensamente beneficiada.

Nuestros riñones se verán fortalecidos y nuestra sangre se encontrará más alcalina. El consumo de fermentados ayuda a reparar la flora intestinal y a que nuestro intestino tenga la permeabilidad en su nivel de homeostasis justo y necesario. **Una buena salud depende, en gran medida, de la salud de nuestro intestino.**

Los niños de hoy comen muchos más procesados y azúcar que los niños del siglo xx. Además, actualmente casi todos los niños, sobre todo en las grandes ciudades, son «de comedor». La realidad de las familias del siglo xxi hace que actualmente sea mucho más difícil dedicar tiempo a la cocina. Una de las dificultades para conciliar vida laboral y vida familiar se refleja en nuestros hábitos alimenticios.

La alimentación de nuestros hijos es primordial: hay numerosos estudios que hablan del efecto negativo del exceso de azúcar en el cerebro de los niños, ya que están en desarrollo y los alimentos tienen consecuencias directas en su cuerpo mental y emocional. Por otra parte, es importante cuidar sus hábitos físicos.

Es muy sorprendente y gratificante ver cómo, si cambiamos nuestras costumbres y comenzamos a cocinar más en casa, y platos más sanos, nuestros hijos van desarrollando el gusto por lo natural y las comidas dejan de ser una pelea para convertirse en un deleite por cuidarse y compartir en familia.

Obviamente, si nuestros hábitos son comer en exceso y fuera de casa, el proceso será más lento, pero **el cuerpo responde rápido a lo natural.** Es importante detectar desde dónde comemos y para qué comemos.

> Con frecuencia, la comida da respuestas a las necesidades de la mente y las emociones.

Comemos para fabricar la sangre y nutrir el cuerpo físico, y el cuerpo físico es la base de nuestro sistema nervioso, y este determina nuestra capacidad de aprender, de relacionarnos, de comunicarnos, de emocionarnos…

Si te interesa el tema de la alimentación, te recomiendo que investigues, pruebes, compruebes y disfrutes. No hay nada mejor que ser tú mismo tu propio testimonio.

Cómo ayudar a nuestros hijos a gestionar su tiempo

Decíamos que el estrés es la sensación de no tener tiempo. Pues bien, **también ayudamos a nuestros hijos cuando los orientamos en la gestión de su tiempo, pero les permitimos tiempos sin programar.**

Hoy en día los pequeños están estresados con largas jornadas escolares y extraescolares. Recuerdo unos padres que me comentaban que su hijo no sabía qué hacer cuando estaba de vacaciones: solo se tumbaba en el sofá o preguntaba constantemente: «¿Qué hago? Me aburro». La jornada de este preadolescente era maratoniana: jugaba al fútbol, tocaba el chelo y era un estudiante brillante. Hacía deberes al mediodía para poder realizar por la tarde todas sus extraescolares con un elevado nivel de exigencia. Su agenda y su tiempo estaban controlados al milímetro y, por eso, cuando tenía tiempo... no sabía qué hacer con él.

Reflexionemos: **¿para qué queremos llenar el tiempo de nuestros hijos? ¿Para qué ese exceso de «educación»?**

En este punto, se hace imprescindible hablar del libro *Hiperpaternidad*, de Eva Millet, de Plataforma Editorial.

Los efectos del estrés en niños y adolescentes producen más impacto que en nosotros, los adultos. Recuerda: ¡¡¡su cerebro está en desarrollo!!!

A modo de resumen

Los conceptos básicos de este capítulo son:

Estrés:

• Sensación real o imaginada de no tener tiempo de finalizar una tarea
• Cúmulo de emociones sin digerir

Tanto desde Occidente como desde Oriente se asocia la salud a las emociones y a los estilos de personalidad.

La personalidad viene definida por nuestro modo de afrontar las emociones.

Cuando no puedo digerir las emociones, recurro al cuerpo:

• Por déficit en la función simbólica:
   – por patología
   – por edad de desarrollo

- Por exceso de realidad del impacto recibido (generalmente asociado a pérdidas no esperadas y cambios súbitos).

En Oriente las asociaciones entre emoción y órganos son:

- **Miedo:** riñón/aparato genitourinario
- **Tristeza:** pulmón/intestino grueso
- **Ira:** hígado/vesícula biliar
- **Estrés:** corazón/intestino delgado
- **Preocupación:** estómago/bazo/páncreas
- **Depresión profunda:** diafragma

En Occidente las asociaciones entre emoción y órganos son:

- **Personalidad tipo A:** estrés, enfermedad cardiaca (igual que en Oriente).
- **Personalidad tipo B:** salud y tendencia a la felicidad.
- **Personalidad tipo C:** cáncer, enfermedades del sistema inmune, depresión.
- **Personalidad tipo D:** ansiedad, depresión, enfermedad cardiaca.

El estrés afecta al sistema psiconeuroinmunoendocrino.

La respuesta corporal al estrés sostenida durante largo plazo desgasta los sistemas fisiológicos y conduce a hábitos que retroalimentan más el desgaste y el funcionamiento deficitario y alterado de los sistemas.

El estrés hace que funcionemos con un exceso de sistema nervioso simpático y debilita la corteza prefrontal.

La corteza prefrontal es el cerebro de la planificación y la regulación de la capacidad de esperar.

- En Oriente los riñones son los órganos primordiales, donde se almacena toda recarga total de la batería vital, el jin.
- El jin es finito, no se puede recargar.

- Debemos aprender a tomar energía vital de otros lugares y no solo del jin.
- Tomamos energía vital, prana, chi o qì con:
  - alimentación y
  - respiración abdominal.
- La alimentación influye en nuestra salud global, en la calidad de nuestra sangre y en el estado general (físico, mental y emocional).
- El efecto del abuso de las redes sociales y de los videojuegos es tan dañino para nuestro cerebro como el consumo de sustancias.
- Es perjudicial tener todo el tiempo programado y controlado. Dejemos lugar a la improvisación y al relax.

Propuestas para hábitos reguladores del estrés en nuestros hijos

- Promover **hábitos físicos saludables:**
  - Alimentación (evitar *fast food*, chuches y bebidas gaseosas azucaradas. Cocinar más en casa comida saludable).
  - Deporte sin presionar.
  - Reposo y respiración consciente.
- Promover la gestión del tiempo y ocio saludable:
  - Regular el uso de las nuevas tecnologías.
  - Fomentar la lectura, escritura, cine, cultura.
  - Estimular el deporte.
  - Talleres de ciencia...

Para saber más

* Te recomiendo la lectura y práctica de las recetas de Montse Bradford en *La alimentación de nuestros hijos para crecer con salud y vitalidad*, editorial Océano Ámbar.

* En Instagram son muy recomendables cuentas como la de Almudena Peña, «Cocina, salud y bienestar».

* *Hiperpaternidad*, de Eva Millet, Plataforma Editorial.

7

Digestión emocional, cambios, duelos y pérdidas

¿Qué es el duelo?

El *Diccionario de la lengua española* de la Real Academia Española proporciona dos acepciones de «duelo»:

1. m. Combate o pelea entre dos, a consecuencia de un reto o desafío.
2. m. Demostraciones que se hacen para manifestar el sentimiento que se tiene por la muerte de alguien.

Podríamos replantear ambas definiciones así:

1. Combate cuerpo a cuerpo con un adversario.
2. Proceso de elaboración tras vivir una pérdida.

El duelo, entendido como proceso tras vivir una pérdida, es un hecho al que, sí o sí, vamos a enfrentarnos todos en nuestras vidas, y cuando lo trato me gusta mucho nombrar su primer significado y «darle una vuelta» para adaptarlo a una faceta muy importante de su realidad, y es que también implica una lucha de uno contra uno, cuerpo a cuerpo. Y así es: **el proceso de duelo es una tarea individual, personal e intransferible**. Además, nunca, jamás hay dos duelos iguales. Ni siquiera una persona vive dos duelos iguales. ¿Por qué? Porque el proceso de duelo va a depender de cuatro cosas:

1. El vínculo con lo que pierdo:
   – persona (no tiene por qué necesariamente morir alguien para perderlo),
   – mascota,
   – empleo,
   – casa, ciudad,
   – etapa vital,
   – salud y condición física.

2. Las circunstancias de la pérdida:
   – súbita,
   – anticipada.

3. Las estrategias de afrontamiento:
   – estructura de personalidad,
   – inteligencia emocional,
   – digestión emocional.

4. La edad:
   – del fallecido,
   – del doliente.

Aceptando la ley universal de que todo es cambio, llegamos a la conclusión de que estamos afrontando cambios constantemente. **Todo cambio implica dejar algo atrás**, así pues, **todo cambio conlleva un duelo, mayor o menor.**

Las pérdidas, por tanto, pueden ser muchas, y todas ellas van a implicar un proceso de ajuste y elaboración. Independientemente del tipo de pérdida que cada uno podamos vivir, será necesario que realice un recorrido, un proceso de cierre y cicatrización. Es lo que conocemos como **fases del duelo.**

Las fases del duelo fueron descritas por la psiquiatra suizo-estadounidense Elisabeth Kübler-Ross. Ella ha sido y es el máximo referente en tanatología y su labor al servicio y cuidado de la muerte es un verdadero canto a la vida.

La muerte como tabú

La muerte es uno de los grandes tabúes de nuestra sociedad. Me atrevería a afirmar que hemos pasado del tabú de la sexualidad al tabú de la muerte. Hay culturas que la afrontan mucho más de frente que nosotros: la integran como parte de la vida con la naturalidad que le corresponde.

En nuestra sociedad nos hemos ido alejando cada vez más del orden natural de la vida y, al perder el contacto directo con la naturaleza y con un mundo más rural, hemos comenzado a sentir los procesos de la vida como algo lejano.

En especial, **se aleja a los niños de la realidad de la muerte:** por querer protegerlos se termina desprotegiéndolos.

Es importantísimo hacer partícipes a los niños de las experiencias asociadas a la muerte.

Durante años he acompañado en situaciones de muertes con menores implicados, bien porque fallecían los menores, o porque fallecía un padre o una madre. He acudido a tanatorios, UCI y domicilios para ayudar a los padres a dar a los niños la noticia del fallecimiento del otro progenitor, o de un hermano. También he acompañado a padres en el doloroso momento de decidir desconectar una máquina y sentir la duda de si aún se podría esperar un día más.

Frente a la muerte todos somos iguales, más allá del contexto social, cultural, económico, político y espiritual. La realidad de la muerte siempre produce una sacudida al ego y un fuerte impacto en el alma.

> Cuando la muerte se vive con mayor conciencia y desde una dimensión espiritual más elevada, se afronta con mayor serenidad, pero el dolor, ya sea con una vibración más densa o más ligera, late en todos los que vivimos una pérdida.

A veces, se dan en los duelos acercamientos con tintes infantiles a la religión. En ocasiones, en modos de vivir la espiritualidad a través de ciertas religiones, existe un estilo ritualista y dogmático, carente de contenido esencial, que funciona como un juego para distraer el ego e **impide que desarrollemos nuestra dimensión espiritual**. En estos casos la religión se convierte en un caparazón que **bloquea el proceso natural del duelo**.

> **Lo real en la muerte es que la persona no va a volver
> físicamente.** Nunca más. Negar esta realidad es
> engañarse.

Es importante nombrar las cosas por su nombre, ya que es el primer paso para aceptar la realidad. Es cierto que no somos solo un cuerpo físico, pero vivimos nuestra dimensión espiritual a través de un cuerpo físico finito que solo hace un viaje.

El concepto de duelo

No vamos a abordar ahora el tema de la muerte y la espiritualidad. Al contrario, intentaremos centrarnos en las emociones y el proceso natural de duelo, sobre el que todas las personas tenemos una idea.

¿Por qué? Porque el duelo forma parte de la vida, y es que **desde el mismo momento de su nacimiento todo ser vivo tiene la certeza biológica de la muerte.**

Por otra parte, todos viviremos a lo largo de nuestra existencia procesos de duelo. La vida es constante cambio, y el cambio implica **transformación** y **pérdidas.**

Por mucho que nos gustaría evitárselo, nuestros hijos también van a vivir pérdidas, y es mejor hacerles partícipes de la realidad de la vida para que así puedan ir desarrollando estrategias de afrontamiento **sanas** y **realistas.**

El duelo es un proceso y, como tal, requiere **tiempo**. En este caso el tiempo no lo cura todo; lo que cura, lo que sana verdaderamente, es lo que hacemos con ese tiempo.

El duelo no solo necesita tiempo, también necesita **espacio para elaborarse**. Ese tiempo y espacio son un recorrido personal, único e intransferible que cada cual ha de vivir por sí mismo. Nadie puede vivirlo por otro. Y, además, cada duelo que vivimos es diferente al anterior, y esto es así porque el modo en que cada cual transite este proceso concreto va a ir ligado:

- al vínculo que le une al ser querido fallecido,
- a su estilo de afrontar la vida,
- a las circunstancias que envuelven el modo en que ese ser querido ha fallecido.

A su vez, el proceso de duelo... duele.

En el duelo se ven implicados todos «los cuerpos»: el físico, el emocional, el mental y el espiritual.

Efectos del duelo en nuestros cuerpos

- En relación con el **cuerpo físico**, en el duelo se producen:

  – Alteraciones del sueño (por exceso o por defecto)
  – pesadillas
  – sueños donde aparece el fallecido

- Alteraciones en la alimentación (por exceso o por defecto):
  - desorden en las comidas
  - desaparición de las ganas de comer
- Alteraciones del sistema nervioso:
  - problemas de atención
  - dificultad para evocar
  - distorsiones cognitivas
- Alteraciones del sistema glandular:
  - síntomas asociados a la menstruación
  - problemas endocrinos
- Consecuencias en el aparato respiratorio: ya hemos visto que desde la medicina oriental se asocian los órganos con las emociones:
  - pulmones → tristeza
  - diafragma → aliento vital

Pulmones y diafragma están directamente relacionados con la respiración. Lo primero que hacemos al nacer es inhalar, y lo último que hacemos al morir es exhalar. Cuando estamos emocionalmente afectados, nuestra respiración se ve resentida. También hemos visto ya que adquirir una mayor conciencia respiratoria es un elixir de serenidad para afrontar la vida y sus retos.

- En relación con el **cuerpo emocional**, puede que el duelo nos sumerja en un tsunami de emociones o en un gélido glaciar afectivo, ya que en el duelo los estilos de afrontamiento suelen llevarnos a los extremos de nuestras defensas. Es habitual que pasemos del tsunami al glaciar. Estar con un pie en uno y otro en otro, en una primera fase, es la opción más común:

– Tsunami emocional: experimentamos todo tipo de emociones, con intensidad extrema e incluso todas a la vez (miedo, ira, culpa, tristeza). Nos sentimos a bordo de una montaña rusa emocional que llega a colocarnos del revés. Frena y acelera sin previo aviso y, durante su trayecto, no vemos lo que acontece a nuestro alrededor.

– Congelación emocional: no somos capaces de expresar ni de sentir ninguna emoción. Podemos experimentar una **anestesia emocional** que nos impide conectar con el dolor, pero nos permite seguir funcionando temporalmente, según las exigencias del guion de nuestra vida. Este estado de congelación emocional es casi como un coma del alma. Estamos vivos porque nuestro cuerpo físico sigue funcionando.

• En relación con el **cuerpo mental**, nuestros pensamientos y sistema de creencias se ven afectados y cuestionados. Como ya referíamos en relación con el cuerpo físico, el sistema nervioso se ve afectado por el estrés y las emociones no digeridas. Esto se manifiesta en nuestro cuerpo mental en:

– Las funciones ejecutivas: planificación, organización, anticipación...

– La capacidad de evocación y la capacidad de retención:

nos cuesta más expresarnos; es como si, a veces, no encontrásemos las palabras que necesitamos para explicar algo. Nos olvidamos de las cosas que nos acaban de decir, que acabamos de leer...

–Atención sostenida: estamos mucho más dispersos. Nos cuesta permanecer durante un tiempo prolongado haciendo algo que requiera un mínimo de concentración.

En los grupos de ayuda mutua de madres, todas las que habían pasado por la experiencia de muerte de un hijo aseguraban sentirse «atontadas», «enlentecidas», «dispersas». Estos síntomas suelen permanecer largo tiempo tras la pérdida. Son más evidentes para uno mismo cuando se supone que «ya ha pasado tiempo suficiente» y empieza a retomar rutinas de su vida diaria.

Recordemos todo lo descrito sobre cómo afecta el estrés al cuerpo físico; un sistema nervioso estresado tiene impacto directamente en:

- el pensamiento y las funciones ejecutivas (atención, planificación, memoria...),
- la tensión arterial,
- la capacidad pulmonar,
- el sistema muscular,
- el nivel de glucosa en sangre y la densidad de esta,
- la temperatura corporal.

La muerte de un ser querido es un acontecimiento estresante de vital importancia.

- En relación con el **cuerpo espiritual**, la muerte nos pone cara a cara con lo finito de nuestra dimensión humana y material. El tsunami emocional del que hemos hablado puede vincularse y proyectarse hacia este plano. Es frecuente que haya personas que se enfaden con Dios porque sus oraciones no hayan tenido el resultado que ellos querían o porque les parezca injusto lo ocurrido. Otras pueden enfadarse y a la vez sentirse culpables, porque ellas están vivas y su ser querido no. Esto último es más común en casos de supervivientes de accidentes y, también, cuando el fallecido es un menor.

  Nuestro anhelo espiritual es universal. El deseo y la necesidad de ligar lo finito a lo infinito es propio de todas las culturas. Todas las tradiciones culturales tienen su sistema de creencias y sus ritos alrededor de la muerte, pero estos sistemas, así como nuestra fe, se verán implicados y cuestionados en el camino del duelo. A veces jugarán a favor de nuestro proceso, pero en otras ocasiones no: pueden incluso maquillar el proceso natural, **impedir que uno se permita vivir y atravesar el dolor del duelo.**

Preguntas infinitas… algunas sin respuesta. La muerte física es la única certeza de la vida en esta dimensión humana, pero aun así es casi inevitable que en ocasiones nos preguntemos: ¿por qué?

El duelo puede ser un proceso que nos unifica o que nos disocia; puede llevarnos a la experiencia de amor en el sentido más profundo de la palabra, entendiendo este como una experiencia de unidad infinita, o puede llevarnos a la fragmentación interna desde una experiencia extrema de dependencia y apego.

En este caso podemos quedarnos **enganchados a la ira**, que es una emoción tremendamente adictiva. **La ira es la cocaína del mundo emocional.** Nos da una falsa energía y un falso poder, pero a ese «*high* por ira» le sigue el *crash*, una culpa tremenda y una depresión profunda. Por ello no es raro que las emociones asociadas al duelo traten de mitigarse con sustancias legales o ilegales que van a añadir a esta **adicción emocional** la dependencia física.

El duelo duele. Podemos tener más herramientas para transitar el camino de las lágrimas, así denomina este proceso Jorge Bucay en su libro homónimo, pero todos, desde nuestra dimensión y experiencia humana, transitamos los procesos de duelo con mayor o menor eficacia. Nos duele el pasado, nos duele el presente y nos duele el futuro.

Los estudiosos del duelo, sus momentos y tareas

Sigmund Freud nos dejó una extensa bibliografía sobre el duelo; en su obra *Duelo y melancolía* ya refirió sus fases del proceso de duelo.

El referente universal para hablar de duelo y tanatología es, como adelantábamos más arriba, Elisabeth Kübler-Ross, psiquiatra suiza afincada en Estados Unidos. Es imposible hablar del duelo y de la muerte sin referirnos a ella. Entre sus múltiples aportaciones al mundo de la tanatología, ella describió el proceso de duelo en cinco fases:

1. negación y aislamiento,
2. ira,
3. negociación,
4. depresión,
5. aceptación.

No vamos a entrar en su descripción, que puede encontrarse en su inmensa obra. Sí veremos, más adelante, los momentos del duelo y sus tareas, un concepto del que yo oí hablar por primera vez en boca del doctor Jorge L. Tizón, a quien tuve el placer de conocer en unas jornadas del Colegio de Psicólogos de Tarragona, y con quien volví a coincidir en la jornada anual de Lleida. Allí aceptó acompañarnos en nuestra I Jornada del hospital Joan XXIII de Tarragona y Funvida.

Robert Neimeyer, William Worden y Diana Liberman, por su parte, depuraron las fases de Elisabeth Kübler-Ross. Para mí, todos ellos aportan una concepción más ligada a nuestra cultura y a nuestro carácter.

Cada momento del duelo se asocia a unas tareas. Dichas tareas son «eso que hacemos internamente» en el tiempo que implica el proceso de duelo:

MOMENTOS	TAREAS
Primer impacto	Aceptar la realidad de la pérdida
Turbulencia emocional	Gestionar las emociones derivadas de la pérdida
Tristeza y desesperanza	Retomar la vida contando con la ausencia del ser querido
Interiorización	Integrar el vínculo, conectar con el amor que sí permanece

Para mí, el momento clave de estos cuatro es el de la turbulencia emocional, es decir, cuando nos retamos a digerir las emociones que la pérdida despierta en nosotros. Si digerimos y gestionamos las emociones, aceptamos la realidad y podemos llegar a hacer de la experiencia de duelo una experiencia de crecimiento personal, a través de la cual nos unificamos y conectamos con el sentimiento universal, con el amor. Podemos entonces llegar a trascender del apego e interiorizar nuestros vínculos de amor con ese ser querido más allá de su presencia física.

Las metáforas del proceso del duelo: la escalera, la rueda y el coche

Hasta aquí podemos concluir que:

- El duelo es un **proceso.**
- Como todo proceso, requiere **tiempo.**
- Cada proceso de duelo es **único.**

- El proceso de duelo es **personal** e **intransferible**.
- El duelo **duele** (física, mental y emocionalmente).
- El proceso de duelo tiene unas **fases** o momentos.

Las palabras clave en relación con el duelo son:

Sin embargo, a veces estas palabras no bastan. Mi práctica acompañando e interviniendo en procesos de duelo me ha llevado a usar varias metáforas en mi tarea profesional. Una de las más eficaces es **la metáfora de la escalera**.

Desde la perspectiva de la escalera del duelo, cada escalón es considerado una fase del proceso: cuando subimos una escalera es recomendable no subir de escalón a escalón de golpe porque, para hacerlo así, tendríamos que saltar y, entonces, habría un momento en que no tendríamos ningún pie en el suelo: estaríamos en el aire por unos segundos. Cuando no tenemos los pies en la tierra, asumimos más riesgos.

En cambio, si subimos la escalera de forma natural, siempre va a haber un momento en que tengamos un pie en un escalón y otro pie en otro. Por lo tanto, así es fácil entender que, en algún momento, vamos a estar en dos fases a la vez.

Por otra parte, todos los pasos que conforman nuestro recorrido suman. Transitamos nuestra escalera paso a paso, y **cada paso suma e implica un avance**.

No calificamos los pasos con ningún adjetivo. Desde el primer momento en que estamos inmersos en un proceso de duelo lo transitamos paso a paso, sin más juicio ni valor.

Conforme fui profundizando más en el tema, sentí que la metáfora de la escalera era demasiado lineal. Me parecía que solo daba la opción de subir y bajar, y que, además, implicaba que había que llegar a un sitio concreto.

La metáfora de la escalera era, en suma, como afrontar el duelo solo con pensamiento convergente: un problema, una única solución y un único modo de llegar a ella. Me di cuenta de que esta metáfora podía resultar útil a personas en sus primeros meses, en su primer recorrido, pero que tal vez no se reconocerían en esa escalera pasados varios años de la muerte de su ser querido. Entonces tomé conciencia de que **el proceso de duelo se transita más de una vez**: hay un primer recorrido que bien puede ser subir la escalera, pero arriba nos espera algo más: ¿una rueda, una noria, tal vez?

Concluí, pues, que:

- El proceso de duelo no es lineal.
- Las fases y los momentos del duelo se reviven más de una vez.

Pensé, entonces, en algo circular, donde el principio y el final se unen. Así creé **la metáfora de la rueda**: una rueda equilibrada en sus radios que gira, avanza, se mueve y es dinámica.

Cuando desarrollé la idea de la rueda del duelo me apoyé en los cuatro momentos que había conocido a través del doctor Tizón. Visualizaba a la persona en duelo en el centro de la rueda y desde ahí, desde su centro, se desplegaban los cuatro radios de la rueda: cada radio era un momento del duelo.

El hecho de generar tensión y desplegar un radio afecta automáticamente a los otros radios. Aunque la fuerza principal esté en uno, todos se ven afectados. Si un radio se rompe, la rueda no estará equilibrada y no podrá rodar ni desplazarse.

Sin embargo, tiene sentido ver el duelo como una rueda, como algo redondo, que gira. La rueda es redonda y nosotros necesitamos rodar, volver a movernos en la vida y avanzar; por otra parte, conforme gira la rueda, vuelve a pasar cada radio, por la base, infinitas veces, y en esto el duelo es muy similar, porque lo revivimos, así como sus momentos, infinitas veces, y transitamos cada uno de estos momentos desde un lugar interior diferente…

Pero esta metáfora también me ocasionaba problemas: el concepto de la rueda me transmitía la idea de dar vueltas sobre uno mismo. No me comunicaba un concepto de crecimiento ni del avance transformador que yo percibía en la experiencia cotidiana de los dolientes que acompañaba.

Cuando transitamos un duelo nunca volvemos a ser la misma persona que antes. La elaboración, el tránsito completo y con conciencia del proceso de duelo, siempre nos hace crecer, y la idea de la rueda no transmite este poder transformador de la pérdida por más que sí refleje el hecho de volver a pasar por momentos o fases teóricamente «superadas». Así llegué a **la metáfora del coche**.

En esta metáfora, cada momento del duelo es una rueda del coche y, según el camino que transitemos y la maniobra que realicemos, la tracción de las ruedas será mayor o menor en unas ruedas o en otras. A la vez, todas van juntas y en la misma dirección. Si una rueda de las cuatro ruedas se pincha, las otras terminarán por frenarse. El coche y el recorrido implican avance, pero **avance en conjunto y cooperación**.

El duelo por divorcio

En los casos de duelo por divorcio es frecuente que **la emoción de la ira tome el poder**. Suele costar más conectar con el agradecimiento de la etapa compartida y asumir la responsabilidad sobre las elecciones personales.

En consulta encuentro muchas personas a las que les

cuesta nutrirse y aprender tras un divorcio. Lo malo de esto es que los hijos también viven su propio duelo y, muy a menudo, son los grandes perjudicados.

En ocasiones, los padres comienzan una nueva vida con nuevas parejas. Superan el duelo parcial o totalmente y vuelven a tener una relación de intimidad y un proyecto común con otra persona. A veces es entonces cuando los niños se rompen. **Los padres rehacen su vida, pero los hijos tendrán una familia rota para siempre:** papá y mamá no volverán a estar juntos. Se confirma definitivamente que tendrán que aceptar la realidad de la pérdida de «la familia».

Recuerdo una madre que me llamó para pedir cita y me decía: «No sé qué le pasa a mi hija. Hace tres años que nos separamos y tanto su padre como yo hemos rehecho nuestra vida. ¿Por qué ahora sale con estos síntomas? Si ahora nosotros estamos bien».

Le expliqué que era precisamente en ese momento cuando su hija había obtenido la confirmación de que nunca volverían a estar juntos. No le debió de gustar lo que le dije, porque no volvió a llamar.

En los vínculos de intimidad veremos que es frecuente sacar la lupa en lugar del espejo. Sin embargo, **resulta fundamental revisar cómo vivimos y cómo enseñamos a nuestros pequeños a gestionar la frustración:** cuanto más conscientes seamos de nuestros propios límites, más poderosos nos volveremos y podremos transitar el siguiente paso, que es permitirnos sentirnos vulnerables, dolidos, enfadados, tristes, culpables y… rotos.

Para poder recomponer nuestros corazones rotos, tenemos que buscar los trozos y, uno a uno, recogerlos para poder volver a juntarlos. Generalmente, **cuando alguien no puede aceptar esta realidad, se queda enganchado a la emoción de la ira**, al enfado. Otras veces, como ya hemos dicho, el acercamiento a lo espiritual desde un modo ritualista e inmaduro también puede dejar nuestro dolor enmascarado.

Cuando acompañamos a nuestros hijos en sus duelos, nosotros solemos estar también en proceso de duelo por la misma pérdida. Por eso vamos a ver también cómo transitamos los adultos los distintos momentos y sus tareas.

Los momentos del duelo

1. Primer impacto

Este momento implica un mayor o menor estado de *shock*. La tarea que nos reta a realizar es aceptar la realidad de la muerte, que es algo que va más allá del hecho cognitivo de saber que nuestro ser querido ha muerto.

Recuerdo a un hombre, ingeniero, inteligente y estructuralmente sano, cuya esposa falleció; él lo *sabía*, la había visto muerta. Vino a verme y me dijo: «¿Puedes creerte que hoy me he encontrado con el teléfono en mano para llamar a mi mujer y preguntarle dónde está el libro de familia para tramitar los papeles de su defunción?».

Aunque sea un duelo anticipado, no lo podemos creer, «no puede ser».

En esta fase vamos asimilando en toda nuestra persona esa realidad conforme digerimos y elaboramos las emociones. En las diferentes vueltas de nuestras ruedas, durante el trayecto del camino de nuestra vida, volveremos a encontrarnos expresando: «Parece mentira que ya hayan pasado cinco años, parece que fue ayer. No puedo creerlo».

Esto es algo que suele suceder en fechas señaladas. De nuevo, sentimos la ausencia, sentimos el amor y nuestro vínculo, y no podemos creer que esa persona ya no está ni estará físicamente con nosotros nunca más.

A veces ocurre que ponemos unos cubiertos de más en la mesa; otras, no podemos nombrar que ha muerto: «Desde que ocurrió lo de X…».

Ya hemos visto que nombrar las cosas por su nombre es el primer paso para empezar a digerirlas.

No puedo terminar este apartado sin señalar una apreciación de nuestro lenguaje: no hay palabra para calificar a los padres que viven la muerte de un hijo. No he encontrado ninguna lengua románica ni germánica que tenga ese vocablo. Si muere un padre o madre, eres un huérfano; si muere un marido o esposa, eres viuda o viudo; pero si muere un hijo… No tiene nombre. Recordemos: lo que no tiene nombre no puede representarse, y usamos esa expresión para bocados de muy difícil digestión.

La muerte de un hijo desgarra el alma. Como mamíferos, estamos biológicamente diseñados para proteger a nuestras crías y, por supuesto, para sobrevivirlas. La muerte de un hijo plantea una convulsión extrema a nuestra condición humana en todas sus esferas. Poder aceptar esta realidad va mucho más allá de «saber» que nuestro hijo falleció.

2. *Turbulencia emocional*

En esta fase del duelo vivimos una vorágine de emociones, a veces contradictorias, a veces de una en una y, muchas veces, todas a la vez. En función del vínculo, de las circunstancias y de nuestras estrategias, durante el proceso se harán más evidentes unas emociones u otras.

Con la muerte de un hijo o un hermano, la culpa ocupa un lugar preferente: con el hijo, porque no hemos podido evitar la muerte de nuestra cría; con el hermano, porque siempre hay rivalidades y deseos, conscientes o inconscientes, de ser exclusivos para nuestros padres.

Este es el momento en que ya hemos avanzado en la fila para llegar a poder montar en la montaña rusa emocional. No podemos desandar el camino: toca subir a bordo para salir de la atracción o podemos salir por la puerta trasera sin montar, pero nunca podremos retroceder por el mismo recorrido de la fila.

La fila es ese *impasse* entre nuestra realidad, el antes y el después de saber que nuestro familiar o amigo ha fallecido. Si optamos por no subir en la montaña rusa emocional, seguramente nos sumergiremos en el glaciar emocional y entraremos en un estado de **congelación afectiva**, lo cual **no** implica que seamos muy fuertes y que estemos llevando el duelo estupendamente. Ya hemos hablado de las emociones básicas; en un proceso de duelo, aparecen todas, y también la culpa:

- tristeza,
- ira,
- alegría,
- asco,
- sorpresa,
- miedo.

En los procesos de duelo, especialmente por muerte, por divorcio o por pérdida de capacidades por accidente o enfermedad, las emociones van a aparecer de un modo u otro, y con deseo de ser atendidas.

Todos tenemos un concepto de lo que son e implican cada una de estas emociones. **Lo que vivamos y experimentemos no tiene por qué parecerse a la idea que hemos tenido hasta ahora de estas emociones.** Tampoco tienen por qué aparecer exactamente en el marco relacionado con la muerte o la separación de nuestro ser querido.

Hablemos nuevamente de las emociones, ahora dentro del marco del duelo:

SORPRESA

La sorpresa es la emoción que vivimos cuando recibimos un impacto emocional, de la índole que sea. En el duelo, aunque sea anticipado, no podemos asumir que no vayamos a volver a ver nunca a esa persona. Cuando la muerte es súbita no nos lo podemos creer, no podemos nombrarlo ni representarlo.

«No puede ser, no puedo creerlo.»
«No me hago a la idea de que nunca más volverá.»

MIEDO

El miedo puede manifestarse con múltiples caras. Puede ser que tengamos miedo a perder a otro ser querido. Una pequeña le decía a su papá, tras la muerte de su madre:

—Papá, ¿tú también te vas a morir?
—No, hija, no me voy a morir. Estoy muy sano. Te lo prometo.
—Mamá también estaba sana y se ha muerto.

> **Cuidado con nuestras promesas. No podemos prometer que no nos vayamos a morir: es mentira.** Querer amortiguar el miedo del otro con una mentira solo dará lugar a convivir con la ira antes o después. **A veces, por querer proteger, desprotegemos.** Nos decimos que queremos proteger a los pequeños, pero, en realidad, nos estamos protegiendo a nosotros mismos: postergamos mostrar una realidad a los pequeños porque nos duele a nosotros su dolor y el nuestro, porque no sabemos cómo gestionar su posible reacción.

Estas son las primeras palabras de un niño de ocho años, al que asistí en primeros auxilios psicológicos, tras despedirse de su padre en el tanatorio: «Estoy enfadado con papá. Me prometió que no se moriría y que viviría noventa años. No lo ha cumplido y dice que las promesas se cumplen y que no se miente. Me ha engañado».

Pero hablábamos del miedo, no de la ira, lo que demuestra hasta qué punto es difícil no hablar de una emoción sin asociar otra. Cada emoción es como una gota de agua, todas juntas conforman el tsunami emocional. Como en el proceso digestivo, es preciso desmenuzarlas, desmembrarlas y dar a cada una su nombre para, así, poder digerirlas. Pero todas ellas conviven en nosotros con una versión más o menos refinada de sí mismas.

La ansiedad es miedo generalizado sin objeto concreto. Y aquí tenemos infinitos modos de materialización, desde fobias, ansiedad generalizada, agorafobia, claustrofobia... Si la muerte ha ido acompañada de un hecho traumático, como un accidente, es muy posible que vivamos estrés postraumático: esto es, no poder evitar revivir los acontecimientos y que vengan a nuestra mente imágenes de forma súbita (hablaremos luego de la diferencia entre un proceso de duelo y un trauma: no son lo mismo, pero sí pueden convivir en nosotros al mismo tiempo).

El miedo tiene como consecuencia que nos paraliza o nos hace huir. Además, activa una gran cantidad de hormonas y prepara al organismo para la defensa. Por lo tanto, **vivir con miedo produce un desgaste físico a nuestro organismo.**

También puede manifestarse de forma más sutil. En realidad, va de la mano del apego: existe miedo a perder algo o a alguien. A perder nuestra vida, a que otros seres queridos pierdan la suya y, por ende, los perdamos... El miedo nos viene a visitar porque nos hemos topado cara a cara con la realidad de la vida y de la muerte. Hasta ahora se había podido vivir más o menos de espaldas a la muerte («A mí no me va a pasar. Soy buena persona. Me cuido. Soy un conductor muy prudente...»), pero la realidad de toparnos con la muerte en alguna de sus versiones puede abrirnos una puerta difícil de cerrar: «Quién me dice que no me vaya a volver a pasar. X estaba sano y se ha muerto. Han estudiado a Y, también está sana, pero ¿quién me asegura que no vaya a pasarle a ella lo mismo? Nadie puede asegurármelo».

La falta de control se hace patente en estas expresiones. **El miedo se alimenta de la falta de control,** de la realidad de que no todo depende de nosotros. La muerte nos pone en evidencia que no tenemos todo el control sobre nuestra estancia en la Tierra; que no somos omnipotentes y que nuestra dimensión física es finita. Sí, este viaje, antes o después, llegará a su destino.

¿Qué alimenta al miedo?

- La sensación de pérdida de control. Sentir que algo no depende de nosotros exclusivamente.
- El apego y la dependencia.

ASCO

Si hay un proceso de deterioro físico por enfermedad o por algún accidente, podemos sentir asco de tocar y mirar a la persona querida. Esto nos lleva a rechazarla y, en vía directa, a la culpa: «No quiero recordarla así»; «No quiero verla así»; «La última imagen de él que tengo es esta, y no quiero».

CULPA

La culpa es la misma energía y emoción que la ira, como ya dijimos. La única diferencia es hacia dónde la dirigimos: la culpa va dirigida hacia dentro, la proyectamos hacia nosotros mismos, y puede manifestarse con múltiples rostros: podemos sentirnos culpables por el simple hecho de estar vivos, o también por todo aquello que hicimos o que no hicimos con nuestro amigo o familiar en relación con las circunstancias de la muerte: «Y si hubiésemos ido al médico antes…»; «Y si no les hubiese dejado salir a jugar solos fuera…»; «Y si no le hubiese comprado la moto…».

¿Y si…? ¿Y si…? Los eternos «¿Y si?» y los eternos «¿Por qué?». Es inevitable hacerse estas preguntas y muchas más, pero es imprescindible, también, dejar de hacérselas y **aceptar que nosotros no tenemos todas las respuestas**:

«Empecé a superar el duelo cuando decidí no hacerme más preguntas que no tenían respuesta».

Una versión común de la culpa nos liga con nuestra propia fantasía de omnipotencia: los médicos han sido formados para salvar vidas y la muerte de sus pacientes puede ser vivida también como un fracaso. Los médicos tampoco son omnipotentes.

Una de las leyes universales de la vida es la **ley de causa y efecto**. Inevitablemente, hay causas y efectos compartidos con las personas que queremos y con las que convivimos. Puede que asumamos como causa de la muerte de nuestro ser querido algún acontecimiento en el que estemos implicados y que haya influido en el desenlace: «Si hubiese llamado antes a la ambulancia en lugar de tener que tratar de reanimarlo yo...»; «Si no lo hubiese llamado para que viniera a buscarme a la estación...».

Sí, es casi inevitable pensar todo esto, pero, repetimos: **no somos omnipotentes**, ni para lo bueno ni para lo malo. **La vida, sus acontecimientos y circunstancias, son multicausales.** Siempre, siempre hay un halo de misterio que nosotros, desde aquí, no podemos alcanzar a vislumbrar.

Hemos referido la culpa sobre todo asociándola a las circunstancias de la muerte de un amigo o familiar. Ya hemos visto que las emociones tratan de salir a flote como sea. Puede que la culpa no la sintamos en relación con la circunstancia de la muerte, pero sí podemos sentirla desplazada a otras situaciones asociadas al vínculo con la persona: «Últimamente no estábamos en nuestro mejor momento de la relación»; «Las últimas semanas lo castigaba mucho. Tenía muchas rabietas...»; «Acabábamos de discutir»...

Incluso podemos sentir culpa siendo conscientes de que no tenemos nada que ver y, pese a ello, sin poder evitar que nos asole una especie de pensamiento mágico que activa el resorte para dejar fluir el río de esta emoción.

A mí me ocurrió con la muerte de mi abuela: falleció de un infarto la noche de Reyes en Madrid. La tarde del 5 de enero le pedí un jersey de angora color turquesa que me chiflaba. Yo tenía trece años, comenzaba a disfrutar de mis primeras salidas con amigas y quería llevar ese precioso jersey. Cuando, con mis besos y abrazos, conseguí el jersey, le dije abrazándola:

—Tendrás que dejármelo de herencia, abuela.

—¿Tan pronto quieres que me muera?

Horas después ingresaba en el hospital Puerta de Hierro y fallecía.

Evidentemente, eso no mató a mi abuela, pero, a la mañana siguiente, cuando supe que su estado era irreversible, solo podía recordar esas palabras mientras desplazaba mi ira hacia ese jersey turquesa. Y no podía evitar sentirme tremendamente culpable por haberle dicho aquello a mi abuela.

La culpa invita a la ira. Pero no podemos sobrevivir sintiendo la emoción machacona y punitiva de la culpa martilleándonos constantemente. De algún modo habrá que proyectarla y sacarla fuera.

¿Qué alimenta a la culpa?

- Vínculos ambivalentes con el fallecido.
- Tener «cuentas pendientes» con el fallecido.
- Creer que hemos tenido algo que ver en la causa del desenlace (por haber hecho algo o por haber dejado de hacer algo).
- Conversaciones y discusiones recientes con el difunto.

IRA

La ira es el patito feo de las emociones. En nuestra cultura y educación judeocristiana, la culpa tiene mejor prensa que la ira, que junto con el enfado es vista como la mala malísima de las emociones.

Las fórmulas de cortesía y las normas de educación a veces se confunden con evitar y anestesiar la ira. Otras veces se admira al que no tiene ningún freno. Es muy frecuente que la gestión de esta emoción vaya de un polo al otro: es común pasar de la inhibición extrema y del control a la descarga y a la explosión masiva. A veces uno se inhibe al máximo en un contexto y en otro escenario reacciona de forma desproporcionada ante cualquier cosa.

Dirigir la energía del enfado de forma contenida hacia lo que realmente compete es tarea poco lograda en nuestra sociedad.

En el caso que estamos contemplando, el duelo, la ira puede manifestarse hacia cualquier objeto externo (entendemos por objeto no solo los objetos propiamente dichos, sino también las personas, los vínculos o las instituciones). Podemos proyectar nuestra ira hacia los médicos, los amigos, las compañías de seguros, Dios, las instituciones, etcétera.

A veces la ira es fácilmente reconocible y la sentimos muy vinculada a las circunstancias que han rodeado la muerte de nuestra persona querida. Otras, puede que no esté tan directamente relacionada, y simplemente apreciamos un estado de mayor irritabilidad generalizada.

Recuerdo a una madre en duelo, inmersa en la elaboración de su ira. Su hija falleció en un accidente de automóvil en el que ella no tuvo ninguna responsabilidad. Durante todo el proceso, no sintió ira hacia el conductor que los embistió por detrás ni la manifestó en nada directamente relacionado con el accidente y el fatal desenlace. Sin embargo, unas semanas después su furia se desató hacia la compañía de seguros, el abogado que llevaba su caso y el sistema médico como institución. Ninguna indemnización le devolverá la vida de su hija, pero su ira necesitaba ser canalizada y tomó esta vía.

Solemos proyectar la ira hacia todo aquello que sentimos como injusto y mal hecho. Nuestra sociedad actual no es muy ducha en gestionar la frustración. La fantasía de omnipotencia y la tendencia a eludir responsabilidades están a la orden del día. Es, pues, muy fácil que encontremos una puerta abierta para descargar por ahí nuestra ira.

La ira para mí es un felino. De nosotros depende que este felino sea un león salvaje o un lindo gatito. Es una emoción que nos hace sentir con energía, nos invita a la acción y a salir de donde estamos. No tenemos que temer a nuestro felino interior, pero sí hay que domesticarlo y ponerlo a nuestro servicio y al servicio de la sociedad. A partir de esta energía de la ira podemos llegar a la creación, sublimarla en aportaciones que mejoren la colectividad.

La ira también **puede generar adicción.** Hemos llegado a compararla con la cocaína. A corto plazo y de manera inmediata nos hace sentir fuertes, y es un gran maquillaje para la tristeza y el dolor. Pero si nuestro felino es un león salvaje, su paso por cualquier lugar puede ser devastador. Y esa pérdida de energía nos desgasta y agota.

También podemos llegar a asustarnos de nuestras propias reacciones y de nuestra ira. Entonces pasamos a proyectar esta energía hacia dentro y dar paso a la **culpa**. Así, puede ser que entremos en un baile infinito de culpa/ira, ira/culpa, culpa/ira, miedo/culpa, miedo/ira, ira/culpa, culpa/ira…: hacia dentro, hacia fuera, hacia dentro, hacia fuera, invitando también al miedo: miedo a nosotros y a las posibles consecuencias de nuestra descarga de ira.

Este tsunami de emociones es como un ovillo de lana bien liado. Tendremos que ir identificándolas para deshacer el lío y poder crear algo con esa lana: mirar a la cara a la culpa, a la ira, al miedo, y darles su lugar para dejarlas ir. El reto es tomar el ovillo de lana y hacernos un jersey que nos abrigue el alma. Si tratamos de impedirles salir, si ponemos toda nuestra resistencia tratando de evitar que se abra la puerta, antes o después nos resentiremos en alguno de nuestros cuerpos: físico, mental o emocional. Así pues, sin miedo a que se vayan a instalar para siempre en su versión más intensa, las dejamos fluir. A partir de aquí podremos empezar a tejer algo con esa lana de nuestro ovillo liado.

¡Qué difícil saber dónde está el principio y el final del hilo! Así, conforme empezamos a dejar su lugar al miedo, a la ira, a la culpa, y los permitimos fluir como un río, llega la tristeza y nos pide ser llorada. Y ese flujo del río con gotas de miedo, ira y culpa termina desembocando en el mar del dolor y la tristeza. Porque sí, hemos avanzado en la aceptación de la realidad de la muerte de nuestro ser querido y se ha estirado el radio de la aceptación de la realidad conforme hemos ido digiriendo y permitiendo nuestra turbulencia emocional. Ahora estamos dando pasos hacia ese tercer momento del duelo que se describe como tristeza y desesperanza. Y es que, aunque también llorábamos, en realidad hasta ahora **la ira, la culpa y el miedo estaban también haciendo una función de protección de nuestro propio dolor y vulnerabilidad.**

ALEGRÍA

Cuando hay un proceso largo de enfermedad y la persona fallece, podemos sentir alegría, desahogo, descanso... Lo estábamos esperando, era irreversible y necesitamos volver a una vida «normal»: «Ya descansa»; «Ya está tranquila»...

Pero cuidado, sentir alegría en ese instante puede abrir también una línea directa con la culpa.

3. Tristeza y desesperanza

Entramos en el tercer momento del duelo y, llegados a este punto, nos encontramos cansados: han pasado los días, las semanas, incluso los meses o los años. Estamos agotados. En el trabajo ya nos empiezan a exigir más resultados, todos han ido volviendo a sus rutinas. El teléfono ya no suena con tanta frecuencia. La gente no se agolpa a nuestro alrededor. Notamos que muchos no saben qué decir. Y otros... ¡mejor que no digan nada! Empezamos a no querer hablar, no queremos ser pesados con el tema. Al fin y al cabo, no pueden devolvernos a nuestro ser querido.

La vida sigue y empezamos a percibir esos fallos de memoria, esa dispersión. Nuestro cuerpo emocional parece ser menos intenso, pero nuestro cuerpo mental está tremendamente disperso. Nuestro cuerpo físico está cansado.

Tratamos de iniciar nuestras rutinas, pero nada es igual que antes. Como muy bien describía una mamá en duelo: «Es como si yo fuese por una calle y, de pronto, me caigo en un pozo de agua, salgo y sigo caminando por un mundo de secos con la ropa mojada. Caminar con ropa mojada cuesta: parezco como los demás, pero no estoy como ellos».

Empezamos a salir al mundo. Llega otra realidad, la realidad de lo cotidiano, de lo social. Tenemos que comenzar a hacer frente a las palabras y a las miradas de la sociedad. Hemos dejado de hacernos preguntas, no llegaban respuestas. Sentimos, reales o imaginadas, las miradas y los silencios de la gente que grita: «Es la madre del niño que se murió», «Es la mujer del que murió», «Es el hijo de la que murió»…

Nuestro día a día nos ha puesto frente a la realidad imperiosa de que nuestro amigo o familiar ya no forma parte de nuestro vivir cotidiano. No nos llama por teléfono, nosotros tampoco podemos llamarlo. Su perfil en las redes se paralizó. Hay un cubierto menos que poner en la mesa, o un pupitre vacío en el aula; una mesa de despacho con un nuevo becario. Tal vez echemos de menos encontrar su ropa desordenada. El silencio de la noche… y nuestra soledad.

Y sí, vamos teniendo que retomar nuestra vida contando

con su ausencia. Ya no necesitamos máscaras que anestesien el dolor y podemos permitirnos estar frente a frente al dolor. Y… lloramos. En este momento, en la presencia de lo cotidiano, está su ausencia. Es en la presencia de algo que nos evoca su recuerdo cuando golpea en nosotros la realidad de su ausencia.

Es frecuente que, en este momento, vengan personas a consultarnos. Una mujer viuda, a los seis meses aproximados de la muerte de su esposo, me dijo: «Pilar, ¿es posible que esté peor ahora? Estoy más triste que nunca. Lloro constantemente cuando estoy sola en casa. Lo echo muchísimo de menos».

Podría parecer, a los ojos de su entorno, que esta mujer está peor ahora. La ira ha dejado de ser el motor que la dotaba de energía ficticia y le nublaba el acceso a la realidad de que su marido había muerto. Ha avanzado en su proceso. La herida de su duelo está cicatrizando. Y, a veces, las curas de las heridas escuecen y duelen. Tiran más cuando comienzan a secarse.

Después de un golpe físico y una lesión importante, uno siente un dolor, pero, en ocasiones, puede continuar. Vemos a deportistas continuar partidos y carreras con lesiones increíbles. Duele más cuando se enfría.

Este momento de tristeza y desesperanza puede ser el más largo y tedioso, y **no por estar avanzando en nuestro proceso quiere decir que vayamos a dejar de sentir por momentos ira, o culpa, o miedo.** Pero esas olas gigantes del tsunami están más suavizadas. **Lo que sentimos es tristeza, una profunda tristeza y desolación. Y es ahora, más que nunca, cuando**

sentimos la realidad de la muerte; ahora somos conscientes de la irreversibilidad de la situación.

¿QUÉ NOS AYUDA A SOBRELLEVAR NUESTRA TRISTEZA Y DESESPERANZA?

- Saber que es normal y que no «estamos marchando hacia atrás en el proceso».
- Permitirnos nuestros momentos de soledad y de llorar. Es necesario llorar. Generalmente queremos hacerlo a solas. En esos ratitos podemos llegar a sentir el dolor, pero también nos sentimos de algún modo junto a nuestro fallecido. No hay un modo único ni un consejo universal. Lo que sí es único es cada persona viviendo su proceso. Hay quien opta por:
  – Ir al cementerio (otros no irán jamás).
  – Entrar en su dormitorio.
  – Ver vídeos o fotos (otros pasan años hasta que pueden hacer esto; como hemos aludido anteriormente, en la presencia también está la ausencia).
  – Pasear.
  – Escribir.
  – Quedarse en casa en pijama con la manta en el sofá.
  – Ir a misa.

- Ocuparnos de nuestras necesidades básicas:
  – Alimentación y
  – Sueño.

- Contar con alguien con quien podamos expresarnos y ser nosotros, sin temor a cómo vaya a sentirse esa persona, alguien que pueda comprender y respetar cómo estamos.
- Ir retomando nuestra entrada en la sociedad, sin hacernos cargo de las reacciones de la gente.
- Hallar el equilibrio entre nuestros momentos a solas y momentos sociales.

Es importante permitirnos y permitir al otro estos momentos sin culpa y sin miedo al dolor. Insisto, podemos tener miedo a permitirnos estos momentos bajo la creencia de que, si lo dejamos salir, no vayamos a poder sostener ese dolor tan grande que nos invade el alma. Podemos escucharnos decir: «No, no, yo soy fuerte. No, no, soy fuerte».

También puede ocurrirnos que nos dé miedo ver a un amigo o familiar que esté pasando por un momento de duelo. Nos entra el pánico porque creemos que ahora está mucho peor, y nos invade el deseo de distraerlo y ocuparlo «para que no piense». Pero si ha muerto su hijo, su marido, su hermano…, nada se lo va a quitar de la cabeza. Ninguna distracción va a digerir el dolor por nosotros si estamos pasando un duelo o por la persona a quien acompañamos que lo esté viviendo.

Cuidado aquí, porque podemos **no darnos permiso para llorar por no hacer sentir mal a los otros**. Ojo con volvernos anfitriones en este momento. **Nosotros no somos responsables de la incomodidad del otro frente a nuestro dolor y nuestras lágrimas.**

Es frecuente que, en estos momentos, las personas de nuestro alrededor se asusten. Nos quieren y no les gusta vernos sufrir. El simple hecho de tener la información, saber que es normal, que no vamos a quedarnos ahí para siempre, es una ayuda.

No estamos peor que antes, no hemos retrocedido. Al revés, hemos avanzado. Ahora podemos afrontar el dolor como dolor. No necesitamos tanto el azúcar simple de la ira para poder despertar y volver a la vida.

El marido de una muchacha de treinta años falleció muy joven de forma súbita. Ella se trasladó a casa de sus padres:

No paro de ponerme vídeos de nuestros últimos viajes. Y lloro, y lloro… Mi madre me dice que no los vea, que me hacen daño. Lloro muchísimo al vernos, Pilar, pero me siento luego mejor. Es como haber estado con él, es raro… Mi madre se pone nerviosa, pero lo necesito. Después de haber llorado ese rato, puedo estar mejor el resto del día.

Qué duro para una madre vivir el sufrimiento de un hijo, ¿verdad? ¡Cómo nos gustaría, a veces, tener una varita mágica para evitarles el dolor! Pero el dolor forma parte de la vida y no por no verlos llorar o expresar sus frustraciones eso quiere decir que no las estén viviendo.

Muy bien por esta chica: podía permitirse hacer lo que necesitaba y ver los vídeos. Muy bien por su madre: pese a no entenderlo, respetaba su decisión y la acompañaba con amor. La joven no se hizo cargo de los nervios de su madre, se ocupó de sí misma. Y llegó un momento en que ya no necesitó los vídeos.

Es importante conocer los procesos de duelo para, así, identificar que esto que se está viviendo es normal en el proceso; no para convertirlo en una patología ni tampoco para tapar y dar la espalda al dolor.

No hay una manera única de transitar el proceso del duelo. No hay una manera correcta de vivirlo. Cada duelo es único, personal e intransferible. Hay un recorrido común, pero cada uno lo traspasaremos de un modo.

Es lo mismo que con los estudios: todos podemos haber hecho un recorrido similar al estudiar una carrera universitaria, y todos terminamos con un título, pero cada uno lo hemos hecho de un modo, a un ritmo diferente, y recordaremos datos distintos.

El duelo no dura para siempre. No vamos a estar siempre así, aunque para siempre queda una cicatriz, y también, para siempre, la digestión de esta experiencia formará parte de nosotros; para siempre, también, será el amor que hemos recibido y el amor que entregamos. El lazo del amor es infinito y podemos seguir sintiéndolo aunque hayan pasado años de la muerte de alguien.

¿TIENEN ALGUNA FUNCIÓN EL MIEDO,
LA CULPA Y LA IRA?

Sí, hemos visto que son adaptativas, que son necesarias ciertas dosis de ira, de miedo y de culpa. Pero no es positivo que tomen el poder y nuestras riendas. Cuando esto ocurre no podemos pensar, se produce un desajuste en nuestra alineación entre cuerpo mental, emocional y físico. Estos tres cuerpos deben ir de la mano para poder estar al servicio de nuestro ser y facilitarnos una vida serena.

Es un arte de malabarista tener los tres cuerpos en equilibrio, porque su naturaleza y vibración es bien distinta. El cuerpo físico es lento, denso, necesita un largo recorrido para materializar. El cuerpo emocional es un chiquillo en pleno despertar puberal, impaciente, urgido y con prisas por hacer. Y el cuerpo mental es una fuente de agua infinita de la que no dejan de manar ideas, pensamientos, creencias; su vibración es rápida y veloz. Para que el cuerpo físico, mental y emocional se equilibren, primero tenemos que atender a cada uno de ellos individualmente. Por ello recomendábamos al inicio del libro el ejercicio básico del Método Symbol de identificar deseos y necesidades en las tres áreas.

LA DIGESTIÓN EMOCIONAL Y LA TURBULENCIA EMOCIONAL

Centrándonos en el cuerpo emocional y sus emociones básicas, según mi criterio y mi experiencia, insisto, el momento clave es el momento de turbulencia emocional: **de la digestión de nuestras emociones va a depender la calidad de nuestro proceso de duelo.**

La digestión emocional y su proceso es uno de los pilares de nuestra salud, y esta función vital la debemos realizar completa en nuestros tres queridos cuerpos. En el cuerpo físico, es evidente y fácilmente reconocible para todos. En el cuerpo mental y en el emocional, también es unos de los pilares de nuestra salud y bienestar.

Asentemos algunos conceptos acerca de la digestión emocional.

¿Cuál es el final de todo proceso digestivo? La eliminación. Es preciso evacuar y soltar aquello que no necesita nuestro cuerpo.

Pues bien, lo mismo con nuestras emociones: tenemos que tomar los bocados de realidad, masticarlos bien. La saliva contiene tiamina, que es la primera enzima que facilita la digestión. En el caso de las emociones, nuestras enzimas serán las palabras. La palabra tiene el poder de hacernos metabolizar mejor nuestros bocados de realidad. Una vez que hayan actuado las enzimas-palabras, nuestro bolo alimenticio emocional-experiencial debe pasar al intestino delgado.

¿Qué hará allí? **Discernir.** Tendrá que elegir entre lo que tiene que ser eliminado (porque es tóxico) y lo que debe pasar a formar parte de la construcción de nuestras células. Y así, las palabras hacen que nuestra experiencia se pueda «descomponer» de algún modo, la podemos ir transformando, y llega un momento en que tenemos que elegir: qué me quedo y qué suelto. Como decía aquella mamá:

> Recuerdo una sesión muy intensa sobre el duelo de una madre que había perdido a un hijo pequeño. Utilizamos técnicas de psicodrama. Con cojines ubicamos dos mundos: en un lado, el mundo de los vivos. En otro, el mundo de los muertos. Y ella en medio. En el mundo de los muertos estaba su hijo. En el

mundo de los vivos, su marido y su otro hijo. Tenía que elegir, pero ella abrazaba el cojín de su hijo vivo y avanzaba en dirección al mundo de su hijo fallecido. Le dije que no podía arrastrar allí a su hijo vivo (que acababa de salir vivo de un grave ingreso): a él le correspondía estar con los vivos. Tomé el cojín que representaba al vivo y lo devolví al mundo de los vivos, junto a su padre. Ella sola tenía que elegir dónde posicionarse. Como vemos, el camino del duelo nadie puede recorrerlo por nosotros. Lloró, lloró, lloró... Respiró, lloró y volvió a respirar. Fue intenso, para ella y también para mí; pudo volverse al mundo de los vivos; pudo despedirse de su hijo fallecido; pudo tomar con agradecimiento los años compartidos; pudo tomar su amor y elegir volver a vivir... Pasado el tiempo, esta madre me confesó que, a partir de aquella sesión, hubo un punto de inflexión. Quiso volver a sentirse viva, y su hijo vivo recuperó una madre completa y viva.

Esta sesión no fue ni mucho menos una de las primeras en su duro tránsito por el duelo. No podemos acelerar el ritmo de nadie, solo podemos acompañar y mostrar lo que se puede elaborar en ese momento. Por eso es importante que los profesionales sepamos identificar bien dónde están las personas a las que asistimos. Es vital que nosotros podamos anticipar, ir un paso por delante en nuestra mente profesional, pero siempre un paso por detrás en nuestra actuación. No podemos empujar ni forzar a alguien que no está preparado: es como pretender dar unas lentejas a un recién nacido, su sistema no está preparado para ello. Esta misma mujer, hoy, ayuda a otras madres que transitan esta durísima experiencia.

¡Recuerda: discernir es función del intestino delgado, no de la boca!

Son necesarias muchas enzimas y movimientos peristálticos antes de llegar al intestino delgado. Mucha palabra, muchas lágrimas… y mucho valor. No podemos exigir tomar el mundo de los vivos cuando estoy aún bajo el *shock* del impacto, cuando aún no puedo creerlo. Tampoco cuando estoy inmerso en una ira feroz. Además, según sea el plato que la realidad me ha impuesto, mi digestión será más o menos lenta: no es lo mismo comer una fruta que un chuletón.

Y bien, cuando ya hemos podido «elegir», ¿qué pasa con el bolo alimenticio?, ¿adónde va?: al intestino grueso. Y ¿qué tiene que hacer nuestro intestino grueso? Pues nada más y nada menos que arrastrar todos esos desechos hacia el final de sí mismo y, ahí, soltar al exterior todo eso que no nos nutre ni nos permite avanzar y seguir hacia delante.

Este es el momento en que soltamos y nos liberamos de toda omnipotencia y apego. Integramos dentro de nosotros lo que nos nutre de la experiencia que la vida ha puesto sobre nuestra mesa y soltamos aquello que no nos nutre.

Entramos ya en ese cuarto y último momento del proceso de duelo.

4. *Interiorización del vínculo*

El doctor Tizón habla de «integración del objeto». Entendemos por objeto al otro, en este caso al fallecido, y en este momento el doctor acuña una frase muy bonita y tremendamente cierta: «olvidar recordando». Este es el consejo que él ofrece a las personas cuando le preguntan: «¿Lo olvido o pienso en él?».

Integrar a nuestro amigo o familiar fallecido es relacionarnos con él dentro de nosotros. Es hablar con esa persona y responderle y, además, sonreír al hacerlo.

Como hemos dicho, el proceso de duelo es cíclico. Podemos volver a pasar por momentos teóricamente transitados y superados, pero desde otro lugar.

En este cuarto momento ya hemos aceptado la realidad de que nuestro amigo o familiar ha muerto. La culpa, la ira y el miedo ya no dirigen nuestra vida; ya no tienen el control de nuestros pensamientos ni de nuestras actuaciones conscientes, pero sí puede ser que nos sorprendan coletazos inconscientes. Puede ser que un temor inconsciente esté gobernando algún aspecto de nuestra vida.

Una madre que perdió a su hijo muy pequeño a causa de un fallo cardiaco hizo terapia conmigo para sobrellevar el duelo.

Casi seis años después acudió a mi consulta porque su hijo no quería dormir en su habitación solo. Tras un análisis de hábitos, normas, límites y responsabilidades del pequeño, vimos algunos detalles de la crianza que podían estar afectándole. Tal vez, también, algún detalle de la relación de pareja, pero no alcanzaba a llegar al fondo de la cuestión hasta que un día recordé que les habían propuesto monitorizar al pequeño cuando era bebé. No había causa orgánica evidente que lo justificase, pero la cardióloga pensó en esta opción, ya que las causas de la parada cardiaca de su hijo tampoco habían sido muy definidas. Los padres no quisieron, querían normalizar la vida de su hijo; eso no iba a garantizar nada en la salud del pequeño y consideraban que podría dificultar su desarrollo y condicionarlo.

Cuando le comenté este detalle, la madre me dijo: «Sugieres que yo estoy monitorizando a mi hijo...».

Pasados unos meses me llamó de nuevo: «Pilar, hoy dormía nuestro hijo con nosotros y me he despertado y, entre dormida y despierta, me he encontrado que tenía la mano en su corazón y pensaba, mientras sentía su pulso, "no te pares". Me he dado cuenta de que no es la primera vez. Creía que ya no tenía miedo...».

Esta mujer ha transitado «con éxito» todos los momentos del duelo, ¿sigue viviendo un duelo patológico? ¿No ha superado la muerte de su hijo?

Pues no, no es un duelo patológico. Sí ha «superado» la muerte de su hijo. Simplemente ha muerto su hijo. Lo digo en presente porque, en lo más profundo de nuestro ser, hay muertes que dejan una parte de nosotros en ese momento y la noción del tiempo pasa a ser algo sumamente relativo.

Pasados cinco años, pudo vivir con agradecimiento el día del aniversario de su muerte. Daba gracias por los años compartidos y lo recordaba con una sonrisa sazonada con lágrimas serenas, pero la huella inconsciente de aquella muerte impregnó todos sus cuerpos: mental, emocional y físico. La marca del dolor y del temor impregnó su ser hasta lo más profundo y, consciente o inconscientemente, aquella experiencia condiciona su forma de ser y estar en el mundo.

Es la misma mujer que pudo expresar que, tras la muerte de su hijo, hoy es mejor persona. El día que se sorprendió con su mano en el corazón de su pequeño avanzó un poquito más en su nivel de conciencia y en su proceso transformador del duelo. Y sí, ha superado la muerte de su hijo, si se puede decir que se «supera» o se aprende a vivir aceptando la realidad de la vida y… de la muerte, y volviendo a sentir el deseo de vivir y de permitirse vivir plenamente, contando con la ausencia de su hijo.

Hemos hablado antes de las metáforas de la escalera del duelo y de la rueda del duelo. ¿Se entiende mejor ahora el porqué de la metáfora del coche? Pues, finalmente, cada rueda suya es como uno de los cuatro momentos del duelo con su tarea general y sus múltiples vueltas. Para avanzar realmente y no quedarnos dando vueltas sobre lo mismo necesitamos algo más que una única rueda con cuatro radios.

La rueda no me transmitía avance. Para que el coche avance, en cambio, es necesario que avancen de algún modo todas las ruedas a la vez. Si bien es cierto que, en momentos, el peso y la tracción dependen más de una rueda u otra, así, en el duelo, estoy más inmerso en un momento que en otro, pero, de algún modo, todos van juntos.

Para que el coche avance, necesita las cuatro ruedas; la gasolina, el conductor y el motor. El motor es mi propia esencia, mi alma. El conductor serán mis cuerpos físico, mental y emocional. Y la gasolina es la alquimia de la palabra.

Las palabras son transformadoras, son las enzimas que hacen que nuestros bocados de realidad puedan ser digeridos. Trabajo con la palabra y cada día experimento cómo las palabras unen y, a veces, separan. Las palabras sanan y, a veces, hieren. El poder de la palabra es casi mágico.

Las palabras de este capítulo quieren servir de yo auxiliar, quieren facilitar la digestión del proceso de duelo, ayudar en el primer proceso de «triturar» la experiencia para hacer más fácil su digestión y evitar que el proceso se complique.

Es como la etapa de las rabietas de los dos años en los niños: saber que eso es lo propio de ese momento de desarrollo no hace que desaparezcan, pero sí nos permite relacionarnos con nuestros hijos y sus rabietas de otra manera. Y, sobre todo, nos aporta dosis de serenidad.

El proceso de duelo es natural: conocer sus momentos, vernos reconocidos y ser capaz de identificar lo que estamos viviendo nos ayuda a transitarlo.

Cada proceso es personal e intransferible. No son las conductas en sí las que hacen que sea patológico o no, es nuestra relación con ello y desde dónde nacen esas conductas.

Tenemos que situar nuestro tránsito en este camino, dentro de nuestro contexto. Y no hay una pauta general para todos. Todos transitamos estos cuatro momentos, pero cada uno a nuestra manera. Una conducta aislada por sí misma no quiere decir nada, y puede darse por múltiples motivos, igual que en un niño con fiebre esta puede deberse a un catarro, a una gripe o a un síntoma de cáncer.

En esta era de las telecomunicaciones, el exceso de información a veces desinforma y hace que se saquen conclusiones y diagnósticos de forma precipitada. Recomiendo asesorarse y recibir cierta psicoeducación frente a la realidad de la muerte. Todos vamos a transitar duelos en nuestra vida. No podemos dar la espalda a esta realidad. En la base de muchos trastornos encontramos duelos pasados no elaborados.

EL DUELO Y LOS NIÑOS

Hasta ahora me he extendido hablando de cómo los adultos transitan el proceso de duelo. Es importante saberlo y reconocerse en este tránsito ya que, **casi siempre, cuando acompañamos a nuestros hijos en un duelo, nosotros también estamos en él**. El mundo familiar, social y emocional de nuestros hijos comparte casi todos los vínculos importantes con nosotros.

¿QUÉ TIENE DE DIFERENTE EL PROCESO DE DUELO EN NUESTROS HIJOS?

Fundamentalmente, que ellos viven en el presente mucho **mejor** que nosotros.

Es vital comprender que los niños entienden de diferentes modos lo que es el duelo, establecen diferencias cognitivas según su edad: hasta los ocho años aproximadamente los niños no empiezan a elaborar el concepto de muerte al cien por cien. Hasta que sus neuronas realizan el paso al pensamiento científico aún creen en la magia, en los Reyes Magos, en el Ratoncito Pérez... **Cuando se van instalando en este tipo de pensamiento científico integran la irreversibilidad de la muerte.**

Por eso a veces da la impresión de que los niños entran y salen del proceso y, así, pueden estar tristes y echar de menos a su ser querido y, a la vez, seguir disfrutando de sus juegos y aprendizajes.

Como adultos, a veces resulta un gran desafío asumir este comportamiento. Algunos familiares pueden achacarles que «no les importa» una muerte y, sin querer, al hacer esto **inoculan sentimientos de culpa en los pequeños.**

Debemos resaltar también que **en función del vínculo** que los niños tenían con la persona fallecida, el duelo tendrá unas características u otras: no es lo mismo la muerte de un abuelo que la de un padre, una madre o un hermano.

Para un niño, la muerte de un progenitor es un exceso de realidad para el que su psiquismo aún no está preparado. Este duelo se elabora en «sesión continua» a lo largo de la vida, hasta tal punto que a veces los efectos se terminan de digerir en la edad adulta e incluso hay aspectos del duelo que pueden quedarse encapsulados con facilidad.

Además, el vínculo entre padres e hijos cambia durante el desarrollo. Por ello, no es lo mismo perder a un padre siendo niño que adolescente.

No es mejor ni peor, es simplemente diferente. Y, por supuesto, siempre es un bocado indigesto. Las emociones principales del escenario varían, por tanto, según la edad y el vínculo.

CÓMO PODEMOS AYUDAR A NUESTROS NIÑOS
A DIGERIR LAS EMOCIONES DE SUS DUELOS

- **Hablando con naturalidad. No evitando el tema, pero tampoco «metiéndolo con calzador».** A veces, cuando muere un padre o una madre, los abuelos tienen miedo a que sus nietos olviden a su progenitor y lo fuerzan.
- **Entendiendo que ellos viven en el presente y necesitan jugar.**
- **Dando lugar a la expresión de las emociones propias del proceso**, no juzgándolas.
- Facilitando **rutinas** y **descanso**.
- No cayendo en la **sobreprotección**. Los niños siguen necesitando:
  - límites,
  - hábitos,
  - normas,
  - responsabilidades.
- Recordando que **no todas las rabietas que puedan sufrir a partir de ahora serán por el duelo**, pero sí es cierto que pueden aumentar. Su expresión de la rabia y el dolor no necesariamente va a expresarse en relación con la pérdida.
- Haciendo un **soporte físico** de fotos y recuerdos. Su libro.
- Animándoles a que **escriban sobre sus experiencias.**

- Explicándoles que **el amor no es físico** y, aunque no se puede tocar, se puede seguir sintiendo.
- Recordándoles que ni mamá, ni papá, ni los abuelos… ni ellos son **únicamente** algo tangible.
- Facilitándoles una prenda de ropa o **un objeto del fallecido** que puedan tocar y abrazar cuando necesiten (no debemos forzarles a que la tomen, simplemente se la facilitaremos y la dejaremos a su alcance).
- Elaborando una **carta de agradecimiento y despedida.**
- No diciendo que quien ha fallecido **está en el cielo** o que **se ha convertido en un ángel** o **en una estrella**. Ellos entienden desde lo literal, y aún hay pensamiento mágico hasta que se deja de creer en los Reyes Magos. Mejor **evocar al amor y al vínculo**, que permanece en ellos y no se deja de sentir.
- **Permitiéndonos nuestro proceso y elaboración de la rabia, la culpa y la pena.** Si no nos lo permitimos a nosotros, no podremos sostener a los niños en sus emociones.
- **No escondiéndonos ante los niños.** Somos humanos y también estamos tristes y enfadados. No somos omnipotentes. No podemos hacerles creer que cuando somos mayores las emociones no nos impregnan.
- **Haciéndoles partícipes de los rituales de despedida.** Permitiéndoles ir al entierro y al funeral. Siempre acompañados, eso sí, por un adulto referente.

Para saber más

* Cualquiera de los libros de Elisabeth Kübler-Ross, perfectos para acercarse a la vida a través de asumir la realidad de la muerte.

* Para los niños, pueden ser útiles dos películas que tratan sobre el duelo: *Coco* y *Un monstruo viene a verme.*

Sobre las fases del duelo

* Es muy interesante toda la bibliografía sobre el duelo (tanto profesional como de divulgación) que ha generado el doctor Jorge Luis Tizón, y especialmente el libro *Días de duelo: encontrando salidas,* de Alba Editorial.

* De nuevo, relacionado con el paso al tercer momento del duelo, te invito a leer el cuento de Jorge Bucay «La tristeza y la furia», en *Cuentos para pensar.*

8.
Digestión emocional y vínculos de intimidad (padres, hijos, hermanos y pareja)

Los vínculos de intimidad

Por «vínculos de intimidad» nos referimos a la relación entre padres e hijos, entre hermanos y de pareja. Con nuestros padres, hermanos, hijos y pareja salen a flote todas nuestras emociones en versión grotesca. Esto quiere decir que brotan de nuestras entrañas con un amplificador digno de las mejores bandas musicales. Todos podemos reconocernos presos de un ataque de nervios con cualquiera de ellos alguna vez. Qué difícil es, con nuestras personas más cercanas, mantener esa distancia que acompaña sin invadir y que permite el encuentro y la autonomía. Qué difícil ponerte en su lugar. Ello se debe a que los vínculos de intimidad, en muchos momentos, nos aproximan tanto a la fusión como a la confusión porque, como bien dice la sabiduría popular, en muchas ocasiones «la confianza da asco».

Y lo da hasta tal punto, en efecto, que a nuestros hermanos, hijos, parejas y padres podemos llegar a decirles auténticas barbaridades. En estos vínculos podemos llegar a sentir la ira en su máxima expresión, a menudo abrigando la tristeza y maquillando el miedo, y es por ello que en este capítulo se incluirán unas cuantas notas sobre comunicación que nos ayuden a usar el lenguaje para que nos facilite el encuentro con nuestros seres queridos y nos evite discutir, precisamente, con aquellos a quienes más queremos.

Vínculo padres-hijos

No puedo hablar de esta relación sin nombrar a Juan Manzano, psiquiatra español afincado en Suiza, de quien tuve la inmensa fortuna de ser alumna en un máster de Psicopatología y Psicoterapia infantil.

El doctor Manzano habla de los escenarios narcisistas de la parentalidad y describe cómo estos escenarios se dan en toda relación padre-hijo. Y es que nuestro narcisismo se ve expuesto en el reto de ser padres, y es algo que siempre hay que tener en cuenta cuando unos padres acuden a consulta.

El concepto de narcisismo está muy mal visto popularmente; entendemos por narcisista alguien egoísta y egocéntrico que va un paso más allá de la autoestima. Aquí vamos a referirnos a algo que no tiene que ver con el egoísmo, sino con esa dosis de autoestima vital que necesitamos para desarrollar nuestra identidad diferenciada y ajustada a la realidad.

Podemos decir, así, que **el narcisismo primario es lo que sienta las bases para poder adquirir un autoconcepto de uno mismo real y positivo.**

En el escenario con los hijos siempre van a entrar en juego tres personajes:

- narcisismo,
- culpa,
- miedo.

Ser padre y ser madre requiere siempre de un ajuste entre realidad y fantasía. También es muy difícil no hacer proyecciones sobre nuestros hijos. Por eso es tan importante conocerse y tener una identidad y autodependencia sólidas cuando afrontamos la maternidad y la paternidad, ya que, desde antes de tener a nuestros hijos en brazos, hemos fantaseado sobre ellos, sobre nosotros, sobre nuestra relación y sobre infinitas cosas más. **Toda parentalidad implica un duelo: debemos desprendernos de nuestra fantasía y nuestras expectativas. Para poder tomar a nuestro hijo real debemos poder mirarlo a los ojos tal y como es.**

Este duelo, este ajuste, se hace más evidente como duelo cuando nace un hijo con necesidades especiales (ya sea prematuro, con una enfermedad física, un síndrome genético o neurológico, etcétera). En este caso, los profesionales debemos acompañar con un mimo especial a estos padres, acoger su fragilidad y su proceso para poder facilitar el vínculo que proporcione a ambos la mejor calidad de vida física, mental y emocional, aceptando la realidad de lo que no podemos cambiar, pero poniendo foco y actuando sobre lo que sí podemos cambiar y depende de nosotros.

Ya hemos hablado del papel vital para nuestra especie de un cuidador al nacer. Ese sentimiento de protección y de preservar la vida de los hijos está impregnado en nuestro ADN. Por eso es tan desgarrador vivir la enfermedad, la discapacidad y la muerte de un hijo. Nuestra tarea es facilitar herramientas para que, cuando no estemos, puedan vivir cubriendo sus necesidades en todos los ámbitos.

Si el hijo tiene una discapacidad desde bebé, los papás se preocuparán de qué pasará cuando sea adulto y ellos no estén. Queremos asegurar que podemos preservar su vida y su bienestar. Por esto es tan desgarrador vivir la muerte de un hijo.

Como especie, estamos dotados de aquello que llamamos **instinto de protección**. Como norma, estamos preparados y vivimos con naturalidad el final de la vida en personas ancianas: nuestros abuelos, luego nuestros padres, etcétera, pero ¿la muerte de un hijo? El hijo asumimos que nos tiene que sobrevivir por ley natural.

Esa impronta de protección y de preservar la vida de nuestros cachorros trae de la mano una emoción, más o menos sutil, con mayor o menor intensidad: la **culpa**.

La culpa nace y se nutre de ese aspecto biológico y natural de nuestra especie, pero engorda y entra en sobrepeso si le damos, además, una dosis extra de indiferenciación: si no somos capaces de ver a nuestros hijos como seres diferenciados y diferentes de nosotros.

Aunque compartan con nosotros el 50 % de su material genético; aunque les brindemos alimentos, ropa, comida, medicinas y estudios; aunque tengan unos preciosos ojos verdes como nosotros... **nuestros hijos no son nosotros:**

Tus hijos no son tus hijos,
son hijos e hijas de la vida deseosa de sí misma.
No vienen de ti, sino a través de ti
y aunque estén contigo no te pertenecen.

«Sobre los hijos», KHALIL GIBRAN

A veces cuesta ver a los hijos como alguien diferenciado de nosotros mismos, y es fácil hacer proyecciones sobre ellos. De ahí que una pregunta importante en consulta es que los padres nos cuenten a quién consideran que se parecen sus hijos, porque nos permite ver qué tipo de proyecciones y desplazamientos pueden estar haciendo sobre ellos. También es clave que nos cuenten cómo eran ellos a la edad actual de sus hijos.

Por supuesto, podemos hacernos estas preguntas nosotros mismos como padres y madres. Es más, te animo a que, ahora mismo, sueltes el libro un rato y reflexiones sobre ello o, si no tienes hijos, evoques las voces familiares de tu infancia sobre a quién te parecías.

De manera consciente e inconsciente **hacemos proyecciones y tendemos a poner etiquetas**, y las etiquetas no dejan de ser palabras y, ya sabemos, la palabra es poderosa. A partir de esas etiquetas nos construimos un ego que adoptamos como nuestra esencia y, como niños, como humanos recién llegados, vamos mirándonos en el espejo y, a través de la mirada y la palabra de nuestros referentes, vamos construyendo una imagen de nosotros mismos.

Ahora bien: si como adultos tenemos elaborada nuestra historia vital, seremos más conscientes de las proyecciones, y en consecuencia estas serán menos intensas para nuestros hijos. Debemos trasmitir la herencia de la vida libre de cargas.

Culpa y miedo, ya hemos visto, se dan la mano: el temor a no preservar la vida de nuestros hijos, en el sentido más amplio del concepto, me puede hacer sentir culpable. Ahora bien, la ira y la culpa tenían una relación. ¡Eso es! ¡Culpa e ira son la misma emoción! Y aquí estamos, de pronto, enfadados y gritando a nuestros hijos. Nos enfadamos con ellos porque no quieren estudiar, porque no se lavan los dientes, porque llegan tarde a casa... ¿Por qué? Porque, en el fondo nos da miedo que, si no estudian, no tengan recursos y, si no se cuidan, enfermen y no puedan ocuparse de sí mismos cuando sean adultos. Cuando ellos sean adultos nosotros seremos viejitos, dejaremos de habitar este cuerpo y no estaremos para hacernos cargo.

Vuelvo a insistir en el proceso de diferenciación: es vital que sepamos distinguir qué es **nuestra responsabilidad** y qué es **su responsabilidad**. Podremos facilitar los recursos, pero, a partir de cierta edad, las decisiones solo las tomarán ellos, si así lo deciden. Es duro, pero debemos ir acompañándoles en su proceso de elegir y asumir las consecuencias.

Solo así estarán preparados para los retos de su vida. **Solo así serán adultos autónomos, responsables y felices.**

A veces se da un **desorden en el sistema:** el hijo siente que el padre necesita del hijo. Hay padres a los que les cuesta poner límites y liderar la crianza y educación porque temen que sus hijos no los quieran. Estas situaciones suelen acentuarse en casos de separaciones porque a veces el progenitor que toma la iniciativa en la separación se siente culpable frente a los hijos y mendiga su amor, perdiendo su potestad de padre.

No hay nada más peligroso para un hijo que sentir que el padre necesita su amor. Si llegamos a este punto, estamos a un paso de que nos pierdan el respeto.

> Tenemos que tener claro como padres que nuestra obligación y nuestra manifestación de amor hacia nuestros hijos son darles herramientas para que sean adultos autónomos e independientes. Facilitar lo que necesitan no siempre coincide con dar lo que desean.

Vínculo entre hermanos

En la relación entre hermanos hay algo mundialmente conocido: **los celos.** Los celos nos evocan también otro vínculo: la pareja.

La rivalidad, los celos, van a manifestarse en los hermanos: de manera más o menos evidente, todos los hijos pugnan por mantener ese vínculo de exclusividad con papá y mamá.

Como bien dice el dicho popular, las comparaciones son odiosas. Y así, aunque los padres mejor versados traten de no hacer comparaciones, entre hermanos es habitual escuchar quejas constantes al hilo de la comparativa. Si le pides que haga algo: «Y Pepito, ¿qué?». Le das algo a uno, se escucha al otro: «Y a mí, ¿qué?». Pasan los años y muchos hermanos se encuentran frente al notario, reclamándose a través de la herencia a quién quiso más papá o mamá.

> **Cada vínculo es diferente, personal e intransferible**. Cada padre con cada hijo tiene una relación distinta. No se trata de amar más o menos, sino de que somos personas diferentes con deseos y necesidades diferentes.

Recuerdo un día en que, harta de las quejas de mis dos hijos del uno sobre el otro y el otro sobre el uno, los invité a sentarse a hablar conmigo. Vinieron.

–¿Qué talla llevas de pantalón? –pregunté al pequeño–. ¿Y tú? –le dije al mayor.

Uno me dijo que la 10, otro que la 8, y mientras me contestaban se miraban entre sí con esa complicidad que solo tienes con quien compartes un vínculo de intimidad, con esas miradas que hablan, aguantándose la risa y como diciéndose entre sí: «¡Mamá está loca!». Yo seguía preguntando:

—¿Qué pasaría si os diese a los dos la talla 8?

—Los pantalones me quedarían pequeños —respondió el mayor.

—¿Y si os diera a los dos la talla 10?

—Ay, mamá, ¡pesada!, pues a mí me quedarían grandes —protestaba el pequeño, cansado de mi charla maternal.

—Pues así es. Vosotros dos sois diferentes y necesitáis cosas diferentes. Mi tarea como mamá es ofrecer a cada uno lo que necesita. Y no siempre lo que necesitamos es lo mismo que lo que queremos.

—Ya, pero es que a mí siempre…

Comprendí que tenía que introducir el humor y volver a enviar mi mensaje de otra forma.

—¿Y si uno fuera niña y otro niño? —les pregunté—, ¿estaría bien que os comprase braguitas a los dos porque queréis que os dé exactamente lo mismo?

Empezaron a reír y a bromear.

—Ja, ja, ja… Tú serías la chica.

—¡No, serías tú!

—Pues mamá y papá os queremos a los dos muchísimo. Nunca vamos a elegir entre vosotros y siempre vamos a hacer lo posible por daros y pediros a cada uno lo que necesitéis. Pero no siempre será lo mismo.

Si somos conscientes realmente de lo que deseamos y necesitamos, aunque no por ello vamos a cambiar la realidad humana, la vamos a digerir mejor. ¿Por qué? Porque ponemos conciencia y despertamos enzimas emocionales que facilitan el proceso de crecimiento, gracias a la nutrición emocional.

Saber que quiero sentirme querido y especial por mis padres y por mi pareja no excluye la realidad de que **estamos solos en el mundo**. Es decir que nadie puede vivir nuestra vida por nosotros, y nosotros somos la única persona con la que vamos a estar el resto de nuestra vida, todos los días, veinticuatro horas diarias.

Debemos ser conscientes de que, en lo esencial, estamos solos y, a la vez, de que **relacionarse es una necesidad básica del ser humano**. Necesitamos sentirnos queridos y necesitamos querernos.

Y no siempre vamos a ser elegidos como prioridad, ni siempre nuestra necesidad o deseo va a ser cubierto de inmediato, o tal vez no pueda ser cubierto jamás.

Tener hermanos nos reta a vivir todas las emociones, es una escuela de emociones maravillosa. Tan pronto te odio y te deseo la muerte como te quiero y echo de menos. Te busco, te evito. Te grito, te perdono, te cuento confidencias...

> La relación entre los hermanos excluye a los padres y, a la vez, para que la relación entre ellos sea sana, debe facilitarse por los padres.

Según actuemos como padres, consciente o inconscientemente, alimentaremos el monstruo de los celos o lo convertiremos en algo consciente y manejable entre los hermanos.

Cuando los hermanos se llevan relativamente poca edad, surgen conflictos cotidianos, del día a día, ruidosos y explosivos a la vez que aparentemente absurdos a ojos de los padres. **La buena resolución de estos rifirrafes cotidianos es la base de su relación mañana.**

Cuando los hermanos se llevan mucha diferencia de edad, si los padres no facilitan la relación entre ellos, es muy probable que en el futuro esta sea casi inexistente. En estos casos podemos encontrarnos solo con los efectos negativos del vínculo de intimidad y no con los positivos, lo que provocará que la cuerda se tense y el vínculo termine por romperse: los mayores pueden ver al pequeño como un privilegiado o como un estorbo. En ocasiones, encima, les ha tocado a ellos ejercer de pseudopadres con los peques.

Otras veces, en cambio, se crea un vínculo estupendo: el mayor se convierte en un referente y en un modelo que seguir para el pequeño. Esto dependerá del arte de los padres a la hora de acompañar la relación desde la retaguardia. Hay que ser un artista transmitiendo a cada hijo que es especial y único, y que cada uno necesita una cosa diferente.

A veces, un hijo necesita más apoyo material; otro, emocional… **Si los hijos sienten que a cada uno le dan lo que ellos consideran que necesitan en ese momento, no tiene por qué haber conflictos** más allá de los encuentros y desencuentros propios de todo vínculo. Los padres influyen directamente en la relación entre hermanos. Hablamos de facilitar vínculos, no de imponerlos.

No hace falta destacar que los celos son ramas de la ira

condimentadas con miedo y sazonadas con tristeza. Sabemos también que, habitualmente, si hay ira, probablemente habrá culpa. En el caso de tener un hermano enfermo, discapacitado o muerto, la ira y culpa saldrán a la luz con un 99 % de posibilidades: lo queremos, pero a la vez nos quita la atención de nuestros padres.

Cuando muere un hermano en edad infantil o adolescente, se despierta toda la ambivalencia de este vínculo tan poderoso. Es importante acompañar a los niños que sobreviven a la muerte de un hermano en edad infantil o adolescente. Podemos llegar a desear que un hermano desaparezca, pero cuando desaparece de verdad, el cóctel de emociones puede ser terrible. Además, papá y mamá desaparecen: están solo de cuerpo presente. El hermano muerto, sin estar, tiene más fuerza sobre ellos. Sentir celos en ese momento no es políticamente correcto, y digerir todo esto solo no es fácil.

Los hermanos son la escuela de la relación con iguales, el prólogo de la socialización, de la resolución de conflictos, del trabajo cooperativo, de la complicidad... En mi caso, bendigo la fortuna de mi escuela fraternal. Fue una escuela de hermosas rosas con espinas.

Vínculo de pareja

La pareja es el espejo mágico donde podemos mirarnos de forma completa.

Al inicio de una relación todo son pétalos de rosa; conforme avanza aparecen las espinas, que estaban ahí desde el inicio, pero a las que, embriagados por la belleza y el aroma de la flor, no habíamos prestado atención. Podemos quedarnos enganchados al tallo y a sus espinas y olvidar la flor, o podemos tomar distancia y mirar la rosa completa.

Es difícil: a veces, tomar el tallo de la rosa por las espinas puede hacernos sangrar. Y si nos pincha en la yema de los dedos, sangran mucho. El dolor y las lágrimas pueden impedir tomar la distancia necesaria para ver la imagen completa.

Cuando la emoción es tan intensa que nos invade el cuerpo, llega a afectar al cerebro y no podemos pensar con claridad. Por eso a menudo, en vez de sacar el espejo para vernos y aprender, sacamos la lupa y amplificamos una parte del otro. Es difícil reconocernos en el otro en aspectos que no nos gustan de él... ni de nosotros.

Durante la fase de enamoramiento es frecuente que nos digan lo bellos y hermosos que estamos. Qué bien sienta estar enamorado. Esa pseudofelicidad nos hace emanar una vibración radiante que denominamos belleza. Pues bien, durante la fase de enamoramiento estamos viendo en el otro aspectos idealizados de nosotros: de algún modo nos enamoramos de nosotros a través del otro. En ese momento el espejo nos devuelve una imagen idealizada de nosotros y, como esto ocurre mutuamente, es un momento maravilloso.

Recuerdo que mi madre me dio un sabio consejo: «Hija, cuando te enamores y te plantees una relación más estable y un proyecto común, fíjate en sus defectos. Luego, mira los tuyos. Te aseguro que, con los años, sentirás que los defectos se van amplificando. Mira si puedes convivir con eso, porque no irán a menos, los verás cada vez más».

También recuerdo, en uno de mis primeros trabajos, que las compañeras de administración eran como diez años mayores que las terapeutas, como yo. Fuimos a su despacho y una de ellas se quejaba de su marido. «Ssssh, calla, que estas todavía se creen que sus novios son diferentes», le avisaban las demás. Por supuesto que yo pensaba: «¡El mío desde luego que lo es!».

Casi todos los problemas de pareja tienen que ver con aspectos de nosotros no elaborados. Antes de entrar a bucear en el reto de la intimidad en pareja, es imprescindible estar uno bien consigo mismo. Cuando digo «bien» me refiero a ser autodependiente.

Mi primer caso en consulta privada con un adulto fue con una mujer. Se acababa de separar, y vomitó durante toda la sesión lo malísimo que era su expareja. Cuando terminó, le dije: «Veo que, ahora mismo, no ves en él nada que te guste. Pero él no está aquí y no voy a trabajar con él, sino contigo. Vamos a descubrir juntas por qué has establecido un vínculo con esta persona, desde dónde te enamoraste y te mantuviste en esa relación».

Uno de los grandes retos en los desencuentros de pareja es hablar solo en primera persona y no en segunda. Hablar en primera persona me lleva a hacerme responsable de lo que siento, pienso y hago. Hablar en segunda persona invita más al victimismo y a sacar la lupa contra el otro.

A lo largo del libro hemos referido la importancia vital

de un cuidador al nacer. Hemos hablado de lo fundamental que es ese cuidador para preservar la vida física en un inicio, también para facilitar la vida psíquica y el acceso al mundo simbólico y al lenguaje. **De cómo han sido nuestros vínculos primarios con nuestros referentes depende también nuestro modo de vincularnos de adultos.**

John Bowlby desarrolló toda la **teoría del apego**. Gracias a ella podemos ver cómo se asocia el apego infantil con el apego y vínculos adultos, porque lo cierto es que tendemos a reproducir nuestros vínculos primarios con nuestras parejas. Pero atención, con esto no quiero decir que nuestras parejas se parezcan a nuestros padres. Sí se parece, sin embargo, el tipo de vínculo que establecemos. Y, por supuesto, tendemos a buscar ese vínculo de exclusividad que nos facilitó el acceso a la vida.

Para que una relación de pareja sea realmente madura y completa, se necesitan dos adultos y dos personas completas. O, como decía Jorge Bucay en su libro *El camino de la autodependencia*, dos personas **autodependientes**, es decir, dos naranjas completas y no dos medias naranjas. Porque las medias naranjas terminan exprimidas y diluidas.

Cuando soy autodependiente me hago cargo de mí, física, mental y emocionalmente. **Yo me hago cargo de mí y tú de ti. Juntos compartimos el camino teniendo presente, de nuevo, que somos dos personas diferentes y diferenciadas...** ¿Te suena? Igual que mamá y papá con sus hijos: personas diferentes y diferenciadas. Desde ahí nos encontramos con dos adultos que se atraen y deciden un proyecto común para que nazca lo que, desde la sistémica, se conoce como el sistema marital, un sistema independiente del sistema parental.

Los tipos de apego en la infancia y en la edad adulta

Vamos a compartir un cuadro sobre los tipos de apego en la infancia y su correspondiente tipo de apego en la edad adulta. Está basado en la teoría del apego de John Bowlby y en los posteriores estudios con adultos de Mary Ainsworth, Cindy Hazan y Phillip Shaver.

Considero vital la **etapa de 0 a 6 años.** En ella se sientan las bases de nuestra estructura de personalidad, de nuestra autoestima, de nuestro modo de vincular y del despliegue de nuestra capacidad simbólica. De aquí viene derivado nuestro acceso al lenguaje y nuestra integración en el mundo de la palabra.

Nuestra manera de establecer vínculos y nuestra gestión de la frustración sientan las bases de nuestro modo de vivir los cambios, las pérdidas y las separaciones. Nuestro modo de atravesar el estrés cotidiano va a influir directamente sobre nuestro sistema nervioso y todas las funciones vitales. Todo esto nos trae un estilo de vida, un modo de identificar y de atender deseos y necesidades. Por supuesto, trae consigo también asumir el cien por cien de responsabilidad de lo que me corresponde. Es importantísimo diferenciar lo que sí es mi responsabilidad y sí depende de mí de lo que no es mi responsabilidad y, así pues, no depende de mí.

	APEGO SEGURO	APEGO ANSIOSO	APEGO EVITATIVO	APEGO DESORGANIZADO
INFANCIA	Son capaces de representarse la figura de apego cuando no está presente. Esperan su regreso y, mientras llega, exploran el ambiente e interactúan. Cuando llega el adulto lo reciben serenos y con alegría.	Nivel de ansiedad elevado cuando la figura referente no está. Esperan su regreso llorando y protestando. Cuando llega tardan mucho en calmarse.	Se muestran imperturbables cuando su figura de apego no está. Esperan su regreso. Cuando llega, se mantienen a distancia y no le prestan mucha atención.	Se muestran asustados y confusos cuando su figura referente no está. Pueden estar apáticos o con exceso de actividad. Buscan y rechazan al cuidador. Cuando regresa su figura de apego pueden llegar a la hiperexcitación. No hay un patrón regular.
ADULTOS	Establecen relaciones de intimidad y confían en sí mismos y en el otro. Estrategias funcionales para resolver conflictos.	Hipervigilantes y muy preocupados por la disponibilidad afectiva de la pareja.	Miedo a la intimidad, desconfianza, celos. Puede ser evitativo puro o temeroso.	Mecanismos controladores. El fracaso en la relación puede desencadenar ira, pánico y confusión.

Para saber más

*Para profundizar en estos temas, además del libro del doctor Juan Manzano *et al.*, *Los escenarios narcisistas de la parentalidad. Clínica de la consulta terapéutica*, ed. Altxa, recomiendo la lectura de *Entre padres e hijos*, de Haim G. Ginott, ed. Vintage Español.

* La lectura del libro *Hermanos, no rivales*, de Adele Faber y Elaine Mazlish, ed. Medici, describe de manera muy acertada estrategias para fomentar la buena relación entre nuestros hijos a partir del uso de las palabras, técnicas de comunicación realmente efectivas.

* Una vez más, recomiendo la obra de Jorge Bucay, en este caso: *El camino de la autodependencia, El camino del encuentro y El camino de las lágrimas,* todos ellos en ed. DeBolsillo.

Por último, os dejo el poema completo de Khalil Gibran. No encuentro mejores palabras para describir los retos de ser padres:

Tus hijos no son tus hijos,
son hijos e hijas de la vida deseosa de sí misma.
No vienen de ti, sino a través de ti
y aunque estén contigo no te pertenecen.
Puedes darles tu amor, pero no tus pensamientos,
pues ellos tienen sus propios pensamientos.
Puedes hospedar sus cuerpos, pero no sus almas,
porque ellas viven en la casa del mañana,
que no puedes visitar ni siquiera en sueños.

Puedes esforzarte en ser como ellos,
pero no procures hacerlos semejantes a ti
porque la vida no retrocede, ni se detiene en el ayer.
Tú eres el arco del cual tus hijos,
como flechas vivas,
son lanzados.
Deja que la inclinación
en tu mano de arquero
sea hacia la felicidad.

9.
Digestión emocional y rendimiento académico. Diagnósticos más frecuentes en el siglo XXI

Rendimiento escolar y otros problemas tan o más importantes

Los motivos más comunes por los que los padres solemos acudir a una consulta de psicología son cuatro:

- problemas de conducta,
- problemas de relación,
- bajo rendimiento escolar,
- duelos con síntomas en las tres áreas anteriores (por divorcio o muerte de un ser querido).

El peso que se da al rendimiento académico suele ser mayor que el que se otorga a los problemas de conducta o de relación, salvo cuando estos se dan en la adolescencia y suponen un riesgo para el adolescente, especialmente si también llevan asociados temas de consumo de sustancias o trastornos de alimentación.

Se tiende a asociar el rendimiento escolar al hecho de que un niño o adolescente sea listo. Por otra parte, se tiende a asociar el fracaso escolar a que el niño o adolescente sea vago o tenga poca capacidad intelectual.

Este pensamiento tan extendido está basado en mitos y falacias, se trata de una creencia que etiqueta y lapida el desarrollo personal y el talento de los muchachos.

> La capacidad intelectual no es sinónimo de alto rendimiento.

De hecho, los casos de alta capacidad y superdotación en la adolescencia con frecuencia suman de tres a cinco suspensos en sus boletines de notas, y las estadísticas hablan de que un 70 % de estos chicos fracasan en el sistema educativo.

Pero ¿no será tal vez el sistema educativo el que fracase con ellos?

No voy a ahondar ahora en el modelo educativo que, para mí, no se adapta a la realidad del siglo XXI y no da respuesta a las necesidades de los niños y adolescentes de hoy, tengan o no tengan alta capacidad.

Sin defender el modelo educativo actual, sí abogo por ayudar a nuestros hijos a desarrollar la automotivación, así como las técnicas y los hábitos de trabajo.

Vivimos un momento social muy polarizado en política,

en religión, en ideologías de género... y, también, en educación.

Se pasa del «la letra con sangre entra» al todo vale. Del poder absoluto a profesores que no dan una voz a los niños, a la desautorización de su figura y a la laxitud extrema con los hijos.

Por supuesto, cabe resaltar que hay profesores y equipos educativos que brindan a los niños la oportunidad de adaptarse al sistema sin que dejen de ser ellos mismos. Este tipo de profesional suele vivir la contradicción de las exigencias institucionales y su sentir como maestro.

Los profesores dejan una huella que marca en gran medida el camino hacia el que nuestros hijos orientarán su vida adulta. Encontrarte con un buen maestro es un regalo para toda la vida

Hay un núcleo cada vez más grande de personas dedicadas a la educación que sienten que la educación emocional y el sistema actual no favorecen el desarrollo real de los talentos y la personalidad de nuestros hijos.

Vivimos en el siglo XXI con un modelo educativo ideado para la sociedad del siglo XIX.

Todavía queda hacer un cambio de conciencia más global, definir un modelo de actuación integrador y elaborar un plan para ejecutarlo. Es necesario equilibrar pedagogías convergentes y divergentes, estimulando el hemisferio izquierdo y el hemisferio derecho, dejando su espacio a nuestra condición humana real: emocional, mental y física.

Tampoco se trata de rechazar todo lo que ofrece el sistema

educativo actual, pero sí cuestionarlo constructivamente con los ojos de la realidad del siglo XXI.

¿Cómo puede ser que niños con capacidad de aprender no aprendan? ¿Qué hace que su interés y deseo por saber se aborte? ¿Cómo puede ser que hoy haya tantos niños medicados y con diagnósticos de TDAH? ¿Y por qué tanto TEA? ¿Realmente existen estos tantos niños con estos síndromes o hay un sobrediagnóstico? Y las emociones... ¿qué pintan en todo esto?

Las notas y los padres

A los padres suele preocuparles mucho el resultado de las notas de sus hijos: asocian estas con el desarrollo de una carrera profesional de éxito y, recordemos, uno de nuestros deseos como padres es que sean autónomos. ¿Verdad?

Pues claro, porque por mucho que vivamos la era de la omnipotencia y de la eterna juventud, no olvidamos que todos nos moriremos y nuestros hijos tendrán que apañárselas solos.

Una de las mayores preocupaciones cuando se tiene un hijo con una discapacidad o un retraso es precisamente esta: ¿qué será de él cuando no estemos?

De esta angustia nacen muchas asociaciones de padres de personas con discapacidad que promueven residencias y pisos tutelados para sus hijos adultos, dejando así cubierta esa necesidad de proteger y cuidar a nuestras crías.

Pero volvamos a las notas: si no es la inteligencia lo que determina el éxito académico, ¿qué es?

Para el éxito académico y el rendimiento, en este orden, influyen:

- estructura de personalidad,
- motivación,
- hábito y técnica de estudio,
- CI (capacidad intelectual o cociente intelectual).

Estructura de personalidad

En las edades tempranas prima el vínculo con **pocas personas de referencia**.

Las bases de la estructura de personalidad se asientan, como ya se ha dicho, en los seis primeros años de vida, coincidiendo con la etapa de mayor plasticidad cerebral. En estos años el vínculo, el estilo de crianza, el estilo parental y de comunicación, van a determinar y moldear las estructuras cerebrales de nuestros hijos y su personalidad.

En esta etapa es cuando el barro está fresquito y podemos modelar la estructura y abrir el paraguas del pensamiento simbólico. Es también en estos años cuando se asientan las bases para la gestión de la frustración y se crean los surcos del estilo de apego en los vínculos de intimidad. Además, se despliegan las defensas emocionales frente a los grandes impactos y los conflictos.

Hay que recordar, no obstante, que por mucha estimulación y entorno potenciador del desarrollo que exista, cada niño tiene su condición biológica. Podemos estimular el número y la calidad de las sinapsis, pero si hay un trastorno de base genética o neurológica, por más que fomentemos su calidad de vida y el desarrollo de sus talentos y estrategias de afrontamiento e inclusión social, no dejará de existir la realidad de su condición física.

En mis años en Atención Temprana trabajé con todo tipo de síndromes. No me cansé ni me cansaré de alzar la voz por la unificación y la **intervención global**: en los seis primeros años de vida fragmentar al niño con múltiples terapias no ayuda al desarrollo de su estructura de personalidad sobre la que se asienta el desarrollo de las funciones instrumentales, la motricidad (fina y gruesa) y el lenguaje. Además, los niños con síndromes genéticos y neurológicos también tienen que desarrollar estrategias para digerir sus emociones, así como un autoconcepto de sí mismos real y positivo.

Es muy importante acompañar a los papás de estos niños en Atención Temprana. Durante estos seis primeros años de vida los padres viven un tsunami de emociones y atraviesan un proceso de duelo que no cicatriza del todo porque, en cada etapa del desarrollo, tienen que afrontar retos emocionales más grandes, y cada cambio de etapa implica una turbulencia emocional nueva en el sistema familiar y parental.

Dentro de la **estructura de personalidad** debemos tener en cuenta:

- la capacidad de simbolizar y el pensamiento abstracto,
- el tipo de defensas emocionales,
- la gestión de la frustración,
- el tipo de vínculos que establece,
- el manejo de la agresividad,
- el desarrollo psicosexual y la identificación de género,
- la diferenciación entre ficción y realidad.

Motivación

Es el gran quid en el deseo y la atención.

Independientemente de la calidad de las funciones ejecutivas de una persona, si hay motivación, se desarrollan recursos para alcanzar los objetivos. Pueden ser recursos más o menos eficaces, pero si no hay motivación…, no hay opción.

Si no me motiva algo, no le «presto» atención. Fíjate qué importante, la atención es algo que «se presta», no se regala ni se da tan alegremente, se presta por un rato. Y por supuesto, si consigues que te la presten, es por el interés que suscitas, de manera que si no ofreces nada de valor a cambio de la atención…, no te la prestan.

No vamos a entrar a valorar aquí las funciones neuropsicológicas que deben estar desarrolladas para que pueda existir la atención sostenida y demás funciones ejecutivas, **lo ideal es que la motivación provenga de la asunción de responsabilidades:** del valor de la autonomía, del deseo de hacer bien las cosas y del desarrollo de la capacidad de proyectarse en el futuro.

En edades tempranas (Infantil y primeros cursos de Primaria) los niños no «aprenden», sino que se desarrollan y adquieren los hitos evolutivos propios de su especie. Obviamente, ese desarrollo es más armónico cuando el contexto facilita y estimula su despliegue.

Como ya hemos dicho, en 3º de Primaria suelen venir muchos niños a consulta por problemas en la lectoescritura. Muchos de estos niños son diagnosticados de TDAH y TEA, y presentan dificultad en las funciones ejecutivas. Algunos tienen problemas de comprensión, otros de atención sostenida, puede que su pensamiento tienda a ser literal y concreto… Son problemas derivados del desarrollo deficitario o alterado de la función simbólica. A veces también hay dificultades de índole sensorial (visual o auditivo) o problemas en la adquisición del esquema corporal. Esto último afecta a la consolidación de conceptos espaciales, indispensables para el buen desarrollo de la lectoescritura.

La motivación se mantiene cuando la tarea no es ni excesivamente fácil ni excesivamente difícil: si la tarea es muy difícil, desisten y la dejan; si es demasiado fácil y les resulta monótona, se aburren y desconectan.

En Infantil y primeros cursos de Primaria la motivación inicial es la **curiosidad** propia del desarrollo evolutivo, inherente a nuestra condición de humanos. Después, motiva que papá y mamá estén contentos conmigo y me valoren, pero cuando nos acercamos a la **adolescencia** la motivación debe ser intrínseca y no controlada desde el miedo al castigo o deseo de recompensa material y externa.

Este tipo de motivación se educa **dejando que los niños asuman responsabilidades y experimenten las consecuencias de sus decisiones.** Una vez más, el exceso de control y el pretender hijos «obedientes» puede hacer que la motivación no nazca desde su verdadera identidad, sino desde el miedo al rechazo. Desde aquí, a los adolescentes les cuesta poder elegir y desarrollar una carrera con propósito vocacional. **No saben elegir desde sus talentos porque los desconocen.** No reconocen sus deseos y necesidades profundas y eligen desde lo externo: aquello que da prestigio y posición socioeconómica elevada –¡ojo!, a veces, en familias de artistas lo valorado es estar fuera del sistema y se enjuicia si alguien desea optar por algo más rutinario y convencional–.

En esta etapa adolescente los padres pueden influir mucho en sus hijos, por eso es importante que tengamos en cuenta que **la elección de carrera profesional marca de forma contundente el futuro de nuestros hijos:** la profesión y su medio de vida determinarán en gran medida su capacidad para ser autónomos y felices.

Hábitos y técnicas de estudio

> Es muy importante **valorar el esfuerzo** en lugar del **resultado**. Esto nos va abonando el terreno para poder asentar técnicas y hábito de estudio.

En este punto cabe destacar la importancia de abordar este tema en los chicos con **Alta Capacidad**.

Generalmente, hasta Secundaria, los alumnos con alta capacidad no han necesitado hacer uso de ninguna técnica ni hábito de trabajo, pero conforme su motivación e interés por lo escolar va disminuyendo debido a la metodología y los contenidos, estos chicos van encontrándose con que ahora necesitan hacer algo fuera del aula para aprobar.

En este escenario, muchos dudan de su capacidad, y su motivación puede caer hasta el infinito y más allá. Los profesores cuestionan su diagnóstico y ellos, inmersos en la vorágine hormonal y sin saber cómo estudiar, empiezan a desarrollar un autoconcepto negativo y poco ajustado a la realidad de sí mismos.

«¿Soy tonto o soy listo? Si soy tan listo, ¿por qué suspendo? Soy vago y mala persona, mis padres se esfuerzan en darme oportunidades y yo no las uso.»

Algunos se anclan en la omnipotencia y la fantasía de que, si quieren, sin esfuerzo podrán hacerlo, pero cuando se ponen... ya no es tan fácil. Hay que estudiar, planificar, repetir, memorizar... Y desisten, anclándose en esa falsa omnipotencia de «no lo hago porque no quiero».

Los que más dificultad tienen son los superdotados y los talentos creativos. Aquellos perfiles en los que el pensamiento divergente prima sobre el convergente. Los talentos lógicos y matemáticos, en cambio, suelen adaptarse bastante bien al sistema educativo.

Como padres, entender que el niño tan listo suspenda es un reto de los que hacen historia. Cuesta porque, además... ¡parece tonto! No retiene, no planifica, no se organiza...

Frente a esta frustración, a veces se unen padres y se entra en una lucha contra el sistema que, en ocasiones, lejos de ayudar al hijo, lo estigmatiza aún más.

Con esto no digo que haya que esconderse, pero como padres debemos mirar más allá. El problema no es solo este o ese profesor, tampoco es solo nuestro centro escolar: el problema anida en el sistema desde arriba.

En estos casos, recomiendo **dejar que los hijos asuman sus consecuencias, acompañarlos y brindar apoyo y nutrir su motivación a medio, largo plazo.**

Casi todos los superdotados y talentos creativos identificados de adultos recuerdan la etapa escolar como una tortura china, y tienen motivos para ello porque esta situación es difícil, muy difícil. Las emociones en padres y adolescentes están a flor de piel. Sobrevuela el fantasma del fracaso y de que no desarrollarán sus capacidades, que no podrán elegir su carrera profesional, parece que nos toman el pelo... Y se duda, se duda de todo, ¡hasta de su diagnóstico!

Capacidad intelectual o cociente intelectual

Lo último que influye en el rendimiento escolar es el CI, la capacidad intelectual. Me he referido a chicos con CI por encima de 130, algunos incluso con 147 o hasta 154.

Sí, ese numerito no determina su número de «excelentes» en el boletín oficial de notas. Por lo tanto, no es lo más importante.

Lo que realmente tenemos que potenciar es la **Inteligencia Emocional** y su **capacidad de Digestión Emocional**, su motivación, su hábito y técnica de estudio.

Debemos ayudarlos a conocerse:

- Conocer sus características cognitivas nos dará herramientas para ver cómo aprenden.
- Conocer su estructura de personalidad nos hablará de cómo afrontan los conflictos, de sus estrategias de afrontamiento y su forma de vincular.

Desde ahí podemos establecer los límites, los hábitos, las normas y las responsabilidades acordes a sus características y necesidades reales.

Con todo esto, pese a todo, no obtendremos la garantía de una vida sin retos ni desafíos: los hijos son el gran espejo donde se deforma nuestra emocionalidad no resuelta. Y… como no son robots y existe el libre albedrío, ellos deciden al final cómo y cuándo encender la mecha de su luz.

En momentos de tinieblas **no debemos desistir**, nuestra

tarea es **seguir facilitando herramientas y contextos constructivos.**

Como padres, nos toca brindar las herramientas porque, no debemos dudarlo, antes o después ellos las utilizarán.

Confiemos en nosotros, confiemos en ellos.

Una adolescente de 3º de ESO diagnosticada de TDAH, y medicada desde los seis años, llegó a mi consulta. Suspendía seis o siete asignaturas, y empezaba a ir con los «malotes» de la escuela. Faltaba al respeto a los profesores y su interés por venir conmigo a consulta era nulo.

Los padres ejercieron su autoridad sin autoritarismo, le dijeron que la terapia era sí o sí y también el cambio de centro escolar. Continuó la terapia, y trabajamos dos cursos con frecuencia cada vez más espaciada.

Hoy, esta chica estudia una carrera universitaria en Barcelona, y ha dado las gracias a sus padres por el cambio de centro escolar.

Insisto en lo importante de nuestra digestión emocional como padres para ayudar a nuestros hijos. Si no, no podemos ejercer el baile de presencia y ausencia. Cuando el miedo nos invade, se despierta la furia y sale el sargento de hierro a controlar la vida de los hijos.

El mejor regalo para nuestros hijos es que primero nos conozcamos nosotros.

Diagnósticos más comunes en los niños del siglo XXI

Destacamos tres:

- **TEA** (Trastorno del Espectro Autista),
- **TDAH** (Trastorno por Déficit de Atención con/sin Hiperactividad),
- **ACI** (Altas Capacidades[1] Intelectuales).

En la infancia es de vital importancia el **diagnóstico diferencial y abierto**. Esto es así porque la infancia y la adolescencia son periodos de desarrollo y los diagnósticos nunca deben usados para etiquetar ni estigmatizar. Tampoco **presuponer el desarrollo y el rendimiento posterior de los niños y adolescentes**.

Ya nos hemos referido a ello en capítulos anteriores, pero insisto: en estos diagnósticos no podemos dejar de lado la estructura de personalidad, el sistema familiar y el trabajo sobre la digestión de las emociones, y debemos atender a sus necesidades reales y promover el desarrollo de sus capacidades teniendo en cuenta su funcionamiento cognitivo y estilo de digestión emocional.

Para mí es importante conocer a nuestros hijos, y para ello estoy a favor de hacer una evaluación global con el fin de poder adecuar nuestra educación a sus necesidades reales,

---

1. La alta capacidad es solo una característica cognitiva, no es un trastorno. Por otra parte, en el caso de las altas capacidades pueden existir casos de doble excepcionalidad.

así como para orientarlos de cara a la elección de estudios superiores y carrera profesional.

Saber cómo aprenden y cómo se relacionan, saber cómo afrontar los conflictos y conocer también cómo es nuestro estilo parental y de comunicación nos ayuda a adaptarnos a su realidad, lo que facilitará que tanto ellos como nosotros podamos alinear nuestros deseos y necesidades físicas, mentales y emocionales, porque a veces sabemos lo que necesitamos, pero no cómo abordar la respuesta.

Conclusión

- La digestión emocional facilita que los niños y los adolescentes adquieran un autoconcepto real y positivo de sí mismos.
- Si se conocen, pueden identificar mejor sus necesidades reales.
- Si se conocen, sus deseos se ajustarán a sus características reales.
- Si se conocen, tolerarán mejor la frustración porque podrán identificar con éxito lo que sí depende de ellos y lo que no.
- Cuando tienen un buen sistema de digestión emocional:
  – desarrollan hábitos saludables físicos, mentales y emocionales.
- Con buenos hábitos y ajustados a la realidad es más fácil que sepan elegir:
  – qué y cómo estudiar y
  – con quién y cómo relacionarse.

En definitiva, **la digestión emocional facilita que nuestros hijos puedan ser autónomos y felices.**

Conclusiones de la parte II

- La digestión emocional de nuestros bocados de realidad afecta a nuestros órganos y nuestra salud.
- Entendemos el **estrés** como el conjunto de emociones no digeridas y mantenidas en el tiempo.
- El estrés afecta directamente al sistema nervioso.
- El estrés nos hace funcionar con el sistema simpático y su función activa sostenida en el tiempo afecta a:
  - funciones ejecutivas (atención, memoria, planificación, evocación…),
  - tensión arterial,
  - sistema muscular,
  - elevación de la glucosa en sangre y densidad de la misma,
  - sistema digestivo,
  - función renal,
  - sistema inmune,
  - función de reparación celular (regeneración de las células).

- Según los tipos de personalidad, hay tendencia a unas patologías físicas u otras.
- Cada tipo de personalidad lleva asociado unos hábitos de vida u otros.
- Tanto en Oriente como en Occidente se asocian las emociones con la salud.
- Los cambios, los duelos y las pérdidas son situaciones de alto estrés.
- Todos vamos a vivir duelos.
- El duelo es un proceso único, personal e intransferible.
- En el proceso de duelo vivimos los efectos físicos del estrés en mayor o menor medida.
- Durante el proceso de duelo van a manifestarse todas las emociones básicas.
- El proceso de duelo no es lineal.
- El proceso de duelo depende de:
  - las circunstancias de la muerte, de la pérdida,
  - las estrategias de afrontamiento (personalidad y capacidad de digestión emocional),
  - el vínculo con el fallecido o con lo que pierde, el vínculo con el objeto,
  - edad del fallecido y del doliente.

- **Cuando nuestros hijos están en duelo** casi siempre lo estamos también nosotros.
- Atender nuestras necesidades del duelo ayuda a que podamos atender las de nuestros hijos.

- Debemos hacer partícipes a los niños de los rituales de despedida.
- Los niños viven el proceso de duelo sin la secuencia temporal del adulto.
- Los duelos infantiles, con frecuencia, quedan encapsulados y reclaman ser atendidos de adultos.
- Los **vínculos de intimidad** básicos son:
  – padres e hijos,
  – hermanos,
  – pareja.
- En los vínculos de máxima intimidad vivimos la experiencia amplificada de las emociones básicas.
- Cada vínculo facilita más unas emociones que otras.
- El vínculo raíz es con nuestros padres.
- Según el tipo de apego infantil, tendemos a vincular de una manera u otra en las relaciones de intimidad adultas.
- Entre hermanos hay rivalidades porque se tiene que compartir el amor y el cuidado de papá y mamá.

PARTE III |

10.
Técnicas sencillas
para la digestión emocional

Cómo ayudan las técnicas de digestión emocional

Hemos dicho que las enzimas emocionales son **la respiración** y **la palabra**, cómo se desarrollan y la mecánica de las mismas, y ahora veremos estrategias para uso cotidiano.

Obviamente, estas técnicas no son recetas mágicas. Y, por supuesto, su uso de forma aislada no sustituye un proceso de acompañamiento terapéutico, un proceso de psicoterapia o de análisis personal, pero sí son píldoras saludables que podemos comenzar a integrar en nuestra rutina cotidiana.

Son **pequeñas dosis de presencia y de conciencia**. Si hacemos de ellas un hábito cotidiano, pueden facilitarnos mucho la tarea de mantenernos en nuestro centro pese a las tempestades y los retos de la vida. Siendo conscientes de que la vida es cambio y crecimiento, pueden ayudarnos a afrontar el día a día con serenidad y realismo.

Despertar nuestra conciencia y abrir los ojos físicos a la mirada del alma no implica vivir en un estado de permanente quietud y nirvana; no implica alejarnos de lo cotidiano y de lo real. Más bien, todo lo contario. Creo que por eso terminé amando el kundalini yoga.

La importancia del equilibrio

Hasta no hace mucho mi vida ha venido marcada por una tendencia a los extremos. Pasé de ser la última en cerrar los bares y despedir los días con un amanecer a ser la primera en llegar a la shadana matinal y disfrutar a diario de comenzar el día con un bello amanecer; pasé de comer chuletón argentino casi crudo a no tener nevera, comer la macrobiótica más estricta y cultivar mis verduras en el jardín. Obviamente, eso no es salud ni bienestar ¡ni mucho menos equilibrio!

Es cierto que, una vez que la ley del péndulo me llevó al yoga y a la macrobiótica, nunca volví al extremo anterior con tanta intensidad, pero sí, la tendencia al extremo estaba en mí y... sigue estando ahí.

He vivido procesos de salud que me indicaban que debía parar y hacer una mirada interior. Tengo la tendencia a caer en el hacer y olvidar a mi cuerpo por el camino hasta que aúlla por ser atendido. En el pasado respondía a esas llamadas de mi alma a través de mi cuerpo de forma estricta y normativa, y pasaba a vivir periodos de intensa meditación y alimentación austera. Mi cuerpo respondía a la velocidad del rayo, curaba y yo me creía que se acercaba a la sanación, pero poco a poco, sin darme cuenta, volvía a encontrarme años después con nuevas demandas corporales que reclamaban ser atendidas. Y es que **el cuerpo nunca miente.**

Mi reto y mi propósito es mantener un balanceo equilibrado en esta realidad pendular que la experiencia humana nos ofrece. Integrar lo físico, lo mental, lo emocional y lo espiritual para diseñar el traje a medida que mi alma necesita para atravesar el camino de la vida.

Fíjate que, en inglés, «equilibrio» se traduce como *balance*, y en español yo he utilizado la expresión «balanceo» para describir, precisamente, la tendencia al movimiento hacia los opuestos. Una vez más, me maravillo con la magia del lenguaje. A veces nos encontramos con expresiones con una raíz semántica similar, pero que tienen significados opuestos en lenguas y culturas diferentes, como si esa expresión originaria hablase de una misma energía unificada que nos ofrece las dos caras de la misma moneda. Y así, en nuestra realidad dual, en un territorio se asocia un significado a un polo y otras gentes de otro territorio lo asocian al polo opuesto.

Hemos dicho que respiración y lenguaje son las enzimas emocionales. Pues bien, **respiración y lenguaje se unen y se ponen la una al servicio de la otra para facilitarnos la palabra hablada.** No existe habla ni emisión de sonidos sin el vibrar de las cuerdas vocales. No hay vibrar de nuestras cuerdas sin el aire que brinda la respiración.

Comencemos con el arte de la respiración para despertar nuestra conciencia corporal y facilitar nuestro anclaje en el presente… y en la vida.

Técnicas de respiración consciente

Desde los veinticinco años practico kundalini yoga con mayor o menor frecuencia, y con mayor o menor compromiso. Dependiendo un poco del polo del péndulo en que me he ido encontrando, he sido más o menos constante. Lo cierto es que el kundalini yoga ha ido viniendo a mí a través de los años sin yo buscarlo. Siempre que me apuntaba al lugar más cercano a retomar el yoga, allí se hacía kundalini. Después, descubrí que hay diferentes tipos de yoga y que, precisamente, el kundalini no es el más extendido y conocido.

Un propósito para mí es hacer de su práctica un hábito cotidiano. Esto me ha llevado a realizar la formación de instructores de la Asociación Española de Kundalini Yoga (AEKY). Mi objetivo, hoy por hoy, no es convertirme en profesora de yoga. Mi anhelo y mi deseo al hacer esta formación es integrar esta práctica sagrada en mi día a día. Mi compromiso no es con la formación, ni con el yoga ni con la escuela ni con ningún maestro: mi compromiso es conmigo.

En el kundalini yoga he encontrado la integración y unificación de mi propia experiencia vital: alimentación, respiración y el poder de la palabra, en este caso a través de los mantras. Todo ello facilitado a partir del vehículo del cuerpo humano y su propia tecnología particular.

Mi deseo es no solo depender de un centro y un profesor, sino hacerlo propio, integrarlo y, a partir de ahí, si algún día la vida me lo pide, compartirlo y entregarlo. Y es que integrarlo como rutina diaria no excluye la magia de compartir en grupo una clase guiada y dirigida por un buen profesor. ¡Es un regalo divino!

Durante años también fui una asidua del foniatra. Mi mala regulación de la respiración, mi divergencia mental junto con mi impulsividad y mis salidas nocturnas hicieron que hablara forzando las cuerdas vocales.

En mis años de foniatría con las hermanas Eva y Mar Gómez (dos maravillosas especialistas de la voz), en la madrileña calle Lagasca del barrio de Salamanca, comencé a relacionarme con mi diafragma y a ser consciente de mi patrón de respiración. Esta etapa transcurrió entre los dieciocho y los veintiún años, durante la época universitaria.

Las técnicas que voy a facilitar beben, por tanto, directamente de los pranayamas del yoga y de técnicas de foniatría. Pero vamos a quedarnos tan solo con un preliminar, un aperitivo que abra boca y asiente los prerrequisitos básicos para, más adelante, poder profundizar. Sin ser capaz de mantenerme de pie, no puedo correr. Y antes de poner la quinta marcha tendré que caminar, ¿verdad?

Ya hemos visto la mecánica de la respiración. Para comenzar, te recomiendo que te comprometas a dedicarte un minuto diario a **respirar conscientemente**. Es mucho mejor empezar con objetivos fácilmente alcanzables, solo así podremos ir instaurando un hábito estable que venga para quedarse.

1. Práctica de toma de conciencia del patrón de respiración

Para que sea más sencillo iniciarte, te ayudará asociarlo a algo que hagas todos los días, como puede ser al ducharse por la mañana o por la noche.

Para facilitar la relajación y el movimiento del diafragma es conveniente que mantengamos la espalda erguida. Para ello, recomiendo que nos sentemos en el borde de una silla. Si asociamos este momento con la ducha, una opción es sentarnos en la punta de la tapa del inodoro. Seguro que allí, durante ese minuto, nadie entrará a interrumpir. Sentiremos cómo, automáticamente, nuestra postura está mucho más **alineada**.

Una vez allí te recomiendo que pongas las manos sobre los hombros. El pulgar quedará dirigido a la parte posterior del hombro, y los otros cuatro dedos hacia la parte delantera.

Ahora pondremos atención al codo. Visualizaremos como si el codo fuese la punta de un lápiz que, tranquilamente, comienza a trazar círculos, comenzando la rotación hacia delante y continuando hacia atrás. Con este movimiento facilitamos la apertura de la caja torácica, la columna se va alineando de manera espontánea y sin forzar, mientras relajamos la cintura escapular (los hombros y la zona alta de la columna).

Tras hacer entre cinco y diez círculos con cada brazo dejamos caer suavemente y reposamos nuestras manos sobre las rodillas, sin deshacer la postura de la espalda. Ahora nuestro cuerpo físico ya facilita el espacio que el diafragma y los pulmones necesitan para recibir con honores el aire y el prana que la respiración nos regala.

Inhalamos... Exhalamos... Observamos nuestra tendencia. Tal vez exhalemos por la boca. Observamos y sentimos la diferencia de inhalar y exhalar por la nariz o hacerlo por la boca. Simplemente, inhalamos y exhalamos.

Pasamos a inhalar y exhalar solo por la nariz. Sentimos y entramos en comunión con nuestro patrón y nuestra tendencia hoy, aquí y ahora.

Identificamos si, al inhalar, se mueve nuestro abdomen o nuestros hombros y pecho. Nos fijamos en si al exhalar nuestro abdomen vuelve a su posición neutra o si, por el contrario, lo está haciendo al revés.

No juzgamos.

La otra opción es que hagamos esto tumbados. Desde esta posición la espalda está recta y es más sencillo que podamos relajar la musculatura. Tan solo observamos la tendencia de nuestro patrón respiratorio hoy, aquí y ahora.

Te animo a que te regales este minuto durante unas semanas. Puedes regalarte un minuto diario fijo, simplemente para conectar contigo y con tu respiración. Si quieres o puedes estar más tiempo, fantástico. Pero te recomiendo que te comprometas al minuto diario. Si luego es más, bienvenido sea.

Instaura primero el hábito de estar contigo sin juzgarte y respirando conscientemente. Una vez que esto ya forme parte de ti, será más fácil entrar en el decoro del arte de la respiración como puerta de entrada al mundo de la **meditación**, si así lo deseas en un futuro.

2. Práctica de respiración diafragmática

Una vez que tengas identificado tu patrón de respiración y tu postura sea cada vez más alineada, podemos pasar a la respiración diafragmática. Consiste en relajar nuestro diafragma para que pueda descender al inhalar, facilitando que el aire llegue a la parte baja y posterior de nuestros pulmones.

Inhalamos, lento y profundo, queriendo llenarnos de aire de abajo arriba y manteniendo hombros, cuello y pecho sin movilizar.

Exhalamos de arriba abajo. Cuando ya hayamos exhalado todo el aire, expulsamos un poco más, como si soplásemos. Esto último facilita la expulsión de dióxido de carbono residual.

Tan importante como inhalar es exhalar. Recordemos la importancia de incorporar, sostener y... soltar, dejar ir lo que ya se tornó tóxico. Inhalamos O_2 y exhalamos CO_2.

3. Práctica de respiración completa o respiración yóguica

La respiración completa es una respiración en tres fases. Comienza con la respiración diafragmática: sentimos cómo inhalamos hasta llenar los pulmones de abajo arriba, incluyendo la zona alta de los mismos.

En esta respiración sentiremos que en el final de la inhalación sí se mueve el pecho, pero solo en el final.

Para exhalar, igual que siempre: de arriba abajo. Igual que un vaso se llena de abajo arriba y se vacía de arriba abajo. Nuestros pulmones siguen exactamente las mismas leyes físicas de la naturaleza.

4. Práctica de las retenciones de aire

Cuando nuestro cuerpo haya vuelto a recordar la inhalación y exhalación natural, nuestro diafragma esté relajado y con una movilidad fluida, estamos en condiciones de empezar a «jugar» un poquito con la respiración: podemos comenzar a practicar las retenciones o suspensiones de aire. Consisten en inhalar, retener el aire dentro por unos segundos y exhalar. La otra retención o suspensión es en vacío: una vez que hemos exhalado, aguantamos unos segundos hasta volver a tomar aire.

- La retención a pulmón lleno nos aporta **aumento de vitalidad.**
- La retención a pulmón vacío ayuda a **liberar temores.**

Para comenzar, solo recomiendo hacerlo en tiempos cortos, máximo de diez segundos.

5. Práctica de inhalar/exhalar por orificio nasal derecho o izquierdo

La última práctica que vamos a introducir consiste en inhalar solo por un orificio nasal o por el otro.

- Cuando se inhala por el orificio izquierdo, se favorece la **relajación** y se **refresca cuerpo y mente.**
- Cuando inhalamos por el orificio derecho, se favorece la **activación** y se promueve que **se caliente el organismo.**

Se suelen recomendar inhalaciones por el orificio izquierdo **por las noches** y por el orificio derecho **por las mañanas**. También podemos alternar por ambos.

Técnicas de comunicación

La comunicación va más allá del lenguaje y de la palabra. Comunicación no son solo palabras, aunque las palabras sean «la joya de la corona» comunicativa. No existe la no comunicación. Además de las palabras y lo dicho, también comunicamos con los silencios y lo no dicho. Comunicamos con nuestro cuerpo y lenguaje no verbal y microgestos, comunicamos también con nuestro estilo y nuestra forma de cuidar y vestir nuestro cuerpo –no me gusta decir «con nuestra forma de arreglarnos», ya que nuestro cuerpo y nuestro rostro no necesitan «arreglo»: no están estropeados cuando lucen desnudos y sin maquillaje–. Todo esto también es comunicación.

Somos emisores que enviamos un mensaje a un receptor por múltiples canales. El mensaje lo transmitimos consciente o inconscientemente. El receptor, a su vez, también lo recibe consciente o inconscientemente.

A continuación nos centraremos en la comunicación verbal: esa que se establece a través del baile de ausencias y presencias de palabras y del uso consciente del silencio, la escucha y la palabra.

1. Silencio

El silencio podría dar lugar, él solo, a un libro.

El silencio es la ausencia de ruido. El ruido puede ser interno o externo.

En comunicación, el silencio exterior puede llevarnos a ser conscientes de nuestro ruido interior.

El **silencio interior nos facilita la comunicación honesta y sincera con nosotros mismos.** Solo a partir de este encuentro con nosotros mismos la comunicación con los demás podrá invitar al encuentro.

El primer paso para acercarnos al silencio nos lo puede facilitar la respiración consciente.

Cuando el silencio es la manifestación de una dificultad para expresar deseos y necesidades, cuando el silencio implica una incoherencia entre lo que pensamos, sentimos y decimos, entonces ese silencio **gritará** a través de síntomas físicos, mentales o emocionales. Por ello, el silencio es otro arte, y su uso también debe ser consciente.

> El silencio va de la mano de la escucha. Sin silencio no hay escucha verdadera, sin escucha verdadera no hay encuentro, y sin encuentro la comunicación no será efectiva, saludable ni real.

La comunicación debe entenderse como un intercambio en el que todos los implicados crecen, no como manipulación y sometimiento. Esto último es, para mí, una perversión de la palabra y de la comunicación.

En la base de cualquier vínculo personal hay comunicación: si estudiamos cómo nos comunicamos, podremos desenmascarar el tipo de vínculo que mantenemos con el otro.

Si hay silencio interior, hay identificación de deseos y necesidades. Esto nos lleva al punto de tener que elegir y hacernos responsables de nosotros mismos y de nuestros actos, palabras, silencios y elecciones. **El silencio interior y la escucha interior nos invitan a hacernos responsables de nosotros.**

Cuando facilitamos silencios en una conversación con otra persona, estamos regalando espacios para que el otro se pueda escuchar a sí mismo y pueda conectar con sus deseos y necesidades. Volvemos a señalar, pues, la suma importancia de **asumir que el otro es otro, diferente y diferenciado de mí.** Cuando esto ocurre, entonces podemos llegar a la verdadera escucha.

2. Escucha

Escuchar al otro es tenerlo en cuenta, es reconocerlo, es darle su lugar, es permitirle ser.

Hoy en día se habla mucho de la **escucha activa.** Viene a ser la base del acompañamiento terapéutico y, aunque a muchos no les guste reconocerlo, bebe de la fuente del psicoanálisis clásico y de dos de sus pilares: la atención flotante y la asociación libre.

Para escuchar al otro es necesario que, para mí, exista otro diferente y diferenciado de mí, con sus deseos y sus necesidades. Debemos escuchar al otro y escuchar, también, el impacto que el otro produce en nosotros. Ese impacto despertará unas emociones; si las escuchamos y diferenciamos lo que es nuestro y lo que es del otro, abonamos una tierra fértil para que nuestras palabras sean **semillas de encuentro**. Solo puede existir encuentro si aceptamos, en todas sus facetas, la diferencia del otro. Solo así, al ver y escuchar al otro, somos capaces de ver que es mucho más lo que nos une que lo que nos separa.

> Lo que nos separa de nuestros seres queridos nunca es el amor, siempre son las emociones y su manifestación a través de dichos y hechos. Es más importante el amor que nos une que la emoción que nos separa.

3. Palabras

Ya hemos hablado mucho sobre las palabras, sobre su función primordial en la constitución del aparato psíquico y sobre su papel como enzimas en la digestión emocional.

Vamos a hacer dos bloques en este tema: uno habla de los albores del lenguaje y va dirigido a cómo facilitar el desarrollo del lenguaje en niños de cero a seis años, cómo hablarles y cómo jugar con ellos. El otro bloque habla de técnicas de comunicación cuando ya tenemos lenguaje. Está enfocado en cómo hablar con niños de Primaria, adolescentes y adultos.

A. ESTIMULACIÓN DEL LENGUAJE

Veamos cómo estimular el lenguaje en nuestros hijos menores de seis años. Con estas indicaciones fomentamos que se sienten las bases para que luego podamos desarrollar una comunicación verbal consciente y respetuosa.

En todas las actividades que proponemos en este apartado tenemos que incluir también los silencios y la escucha. Debemos hacer un juego de presencias y ausencias, donde facilitaremos un espacio al bebé para que se vaya reconociendo y vaya comenzando a tener sus primeras representaciones mentales.

¿Con qué tipo de juegos fomentamos que sienten las bases del lenguaje y desplieguen su función simbólica?

- Masaje Shantala: la primera comunicación con nuestro bebé es sensorial, es a través del diálogo tónico. El masaje Shantala favorece el desarrollo global de nuestro pequeño. Recomiendo acudir a algún taller con otros papás y mamás.
- Juegos de causa-efecto: incluye todos los juegos tipo pianos, trenes musicales, tambores, palmas palmitas…Les enseña que lo que ellos hacen produce un impacto y un efecto en el medio (NO recomendamos teléfonos ni tabletas).
- Juegos de permanencia de objeto: juegos de escondite, el típico cucú tras, cuentos con ventanas que se abren y se cierran (NO recomendamos teléfonos ni tabletas).
- Juegos de medio-fin: son todos los juegos que implican

utilizar un objeto para alcanzar otro, juegos de arrastre de un cordel para acercar un coche, tirar de una mantita para aproximar un sonajero, agarrar un palo para alcanzar algo alto...

- Juegos de continente-contenido: hay un momento en que a los niños pequeños les encanta sacar las cosas de recipientes. Abren puertas, sacan los objetos de los cajones... El hecho de que tengan cajas de juegos hace que puedan jugar a meter y sacar los juguetes.
- Diálogo de turnos desde sus primeros gorjeos y balbuceos. Hablamos al bebé y dejamos un espacio de silencio, cuando emita algún sonido lo repetimos y volvemos a hablar, volvemos a dejar espacio para que él emita sonidos...
- El uso de señalar con el dedo:
  - protodeclarativos (señalar para compartir y enseñar algo) y
  - protoimperativos (señalar para pedir). Por ejemplo:
    - cuando el pequeño señala, nosotros nombramos «un coche»,
    - cuando emite algún sonido refiriéndose a un objeto, lo nombramos y ampliamos «un coche **rojo**»,
    - cuando trate de repetir lo que hemos dicho, tal vez solo la última sílaba, repetimos la palabra incluida en una frase: «Un coche rojo **se ha caído**».

Si nuestro hijo de más de veinte meses no señala para compartir con nosotros y para pedirnos algo suele agarrarnos de la mano y llevarnos a por lo que quiere, recomiendo consultar con un profesional para valorar cómo está haciendo el despliegue simbólico.

- Facilitar una caja de juegos con juguetes que representen objetos de uso cotidiano: fomentaremos el uso funcional de objetos; podemos incluir una cuchara, un peine, una esponja, un termómetro de juguete, un teléfono de juguete (clásico, no un móvil), comidas de juguete, un bebé...
- Facilitar una caja con animales, muñecos de diferente sexo y generación, construcciones, coches, alguna tela, plastilina... Así fomentamos el juego simbólico: jugar creando y haciendo que un objeto sirva para distintas cosas, juego creativo. Ejemplo: usar un bolígrafo como un micrófono y cantar con él.
- Hacer preguntas abiertas y exclamaciones cuando vayamos paseando o veamos juntos un cuento, usando partículas interrogativas: qué, cómo, cuándo, dónde, por qué y para qué.
- Dar opciones concretas para elegir (a partir del año y medio). Acotamos las elecciones a categorías, pero siempre fomentamos cierta capacidad de elección. Si queremos que tomen fruta, ofrecemos entre dos o tres frutas. Si vamos a una celebración, ofrecemos entre dos camisas. Si vamos a la playa, puede elegir el bañador...
- Evitaremos hablarles en tercera persona. Introducimos los nombres propios y el uso de los pronombres personales.

– Consultaremos con un profesional si:
– A los dieciocho meses no se reconoce en un espejo.
– A los dieciocho meses no empieza a referirse a sí mismo con el pronombre personal de primera persona «YO».
– Si con tres años tiende a referirse a sí mismo en tercera persona (por ejemplo: «El nene quiere agua».
– Si cuando nos pide algo, lo hace en segunda persona (quiere agua para él y nos dice «quieres agua»).

B. TÉCNICAS DE COMUNICACIÓN CON LA PALABRA

Este bloque describe técnicas para comunicarnos con niños de Primaria, con adolescentes y entre adultos. Ya tenemos lenguaje consolidado y nos recreamos en su uso, no en su desarrollo.

En la comunicación real, consciente, asertiva y efectiva, menos es más. En consulta suelo recomendar, como indicaciones básicas e iniciales:

- Hablar en primera persona.
- Evitar el uso de adjetivos y del verbo *ser.*
- Pedir.

Estas tres premisas son clave para comenzar a **tomar conciencia de los efectos que produce en el otro nuestra forma de comunicarnos**. Además de ser útil para iniciarnos en la comunicación consciente, es la tendencia natural que acompaña a la comunicación saludable. Si llegamos a convertirlo en un hábito, nacerá espontáneamente en nosotros usar así el lenguaje. Es como aprender un idioma nuevo: al principio requiere pensar y traducir, pero luego ya no necesitamos los subtítulos.

Cuando tenemos que usar el lenguaje para conseguir un objetivo concreto hacemos uso de las técnicas. Una técnica implica que hay una pauta, una hoja de ruta. Veamos:

Descripción objetiva (hablando en primera persona y procurando no usar adjetivos):

– de los hechos,
– de mis pensamientos,
– de mis emociones.

Ejemplos de situaciones:

• Nuestro hijo ha sacado malas notas.

  Diremos:
  «Has suspendido los exámenes.»
  «Cuando veo estos resultados, me siento triste y me da miedo el futuro.»
  «Hasta ahora, sin dedicar tiempo al estudio en casa, sacabas las asignaturas.»
  «Si quieres pasar de curso, tendrás que buscar nuevas formas de organizarte.»
  «Estoy segura de que a ti también te encantaría sacar mejores notas.»

En vez de:

¡«Eres un vago.»

«Así no vas a conseguir nada en la vida.»

«No vas a salir de tu habitación en todo el trimestre.»

- Nuestro hijo ha jugado un partidazo al baloncesto y el árbitro ha sido parcial; los del otro equipo han hecho muchas faltas y él está rabioso.

Diremos:

¡«He visto que has estado supercentrado en el partido, has creado oportunidades para ti y tus compañeros, no te has rendido. Debes estar orgulloso de tu juego.»

«Genera mucha ira cuando hacemos lo máximo y el resultado no es el que nos gustaría.»

«Han pitado más faltas a favor del otro equipo y tus compañeros están lesionados.»

«Enfada mucho cuando se siente que el trato no ha sido justo.»

«Cuando te veo esforzarte tanto me siento orgullosa de ti y pienso que conseguirás casi todo lo que te propongas.»

«Da gusto verte jugar al baloncesto.»

En vez de:

«No es para tanto.»

«Es solo un partido.»

«Enfadándote no consigues nada.»

«El árbitro es un imbécil.»

- Conceder los deseos en la fantasía:

Diremos:
«Me encantaría que dedicases tanto tiempo y empeño a tus estudios como a la Play.»
«Ojalá hubiesen pitado todas las faltas en ambos campos.»

Este segundo paso lo tomo prestado de las indicaciones de Adele Faber y Elaine Mazlish, que beben de la fuente de Haim Ginott. Cuando recomiendo esto en consulta a muchos ejecutivos se les escapa la risa. ¿Qué quiere decir exactamente?, ¿y cómo podemos usar esta herramienta?

Lo que quiere decir es que **debemos expresar nuestro deseo o necesidad**.

Podríamos decir, simplemente, que se trata de elaborar nuestra petición. Lo que ocurre es que esta fórmula **implica algo más profundo** que una demanda o petición bien formulada, ya que incluye la realidad de que, a lo mejor, lo que deseo y necesito no es posible.

Conceder el deseo en la fantasía tiene el efecto restaurador y sanador de ayudar a identificar lo que deseo y, a la vez, me ancla al mundo de lo real.

«Ojalá que...»
«Me encantaría...»
«Ojalá se pudiese retroceder en el tiempo y...»
«Si tuviese una varita mágica...»

En este caso podemos usarlo en primera y en segunda persona.

Puede ser que el deseo y la necesidad sean posibles de materializar o no: no podemos devolver la vida a un ser querido fallecido. No podemos ir a la playa en diez minutos si vivimos en Madrid. No podemos retroceder en el tiempo ni avanzarlo a nuestro antojo.

A veces, los adultos nos hacemos (o nos hacen) peticiones imposibles, en contextos laborales y personales. **Esta herramienta no cambia la realidad física, pero sí la realidad interior.**

> Aceptar lo que no puedo cambiar me facilita poner el foco en lo que sí puedo cambiar. Aceptar la realidad no es resignarse, es un signo de salud mental y un pasaporte hacia la felicidad.

Hemos hecho referencia a evitar el uso de adjetivos y del verbo «ser». Me gustaría transmitir, al menos, la idea de la magia de la descripción: **describir objetiva y escuetamente fomenta la comunicación, la elaboración, abre posibilidades y no etiqueta.**

Podemos usar la descripción para elogiar. Además, inyecta un gran impulso motivador a quien la recibe. A veces, si les decimos a nuestros hijos que son unos *cracks*, pueden no creerlo; tal vez su expectativa era mayor y sientan que les estamos engañando. O tal vez les entre el miedo escénico porque dejan el listón muy alto para la siguiente ocasión. Por eso **es mucho mejor elogiar describiendo y valorando el proceso y el esfuerzo.**

Al ser tan fan de la descripción como herramienta de comunicación propongo evitar el uso del verbo «ser». Detrás del verbo «ser» va un adjetivo, y **los adjetivos califican y... etiquetan.** Para facilitar que uno conecte con lo que es debemos dejar que lo haga por sí mismo y, para ello, debemos evitar el verbo «ser».

Los cuatro pasos básicos de la comunicación no violenta

Los cuatro pasos básicos que se describen en la comunicación no violenta de Rosenberg son:

1. Observar los hechos objetivamente.
2. Expresar los sentimientos.
3. Expresar las necesidades.
4. Formular la petición.

Podemos ver la similitud con lo que hemos referido anteriormente. Para poder llevar a cabo estos cuatro pasos yo recomiendo:

• Usar la descripción sin usar el verbo «ser».

- Usar la primera persona del singular.
- Conceder los deseos en la fantasía.

Sobre conceder los deseos en la fantasía y la formulación de la petición ya he descrito dónde radica para mí la gran diferencia: en situaciones donde la realidad es la que es, y por mucho que formule con cortesía, aunque mi deseo no sea viable, **el hecho de nombrar y poner palabra a lo que nos gustaría que fuese ayuda a digerir la frustración y sus emociones derivadas**, aun siendo plenamente conscientes de que no es posible. La palabra ejerce su poder de enzima emocional cuando la usamos expresando lo que desearíamos que fuese real.

Un ejemplo:

En el trabajo, si tenemos que presentar un proyecto con fecha límite, podemos verbalizar:

«Ojalá el plazo de entrega no fuese mañana, pero, si no, no optamos al concurso.»

«Estamos todos cansados y con ganas de terminar. Cada vez queda menos.»

Te animo a poner en práctica estas indicaciones con tus hijos, tu pareja o tus compañeros de trabajo. ¡Ya verás su efectividad!

Como sabes, este libro no es un ensayo sobre comunicación, aunque haga constante referencia a la vital importancia del lenguaje y de las palabras. Mi intención ha sido abrir nuestra conciencia al valor de la digestión emocional y presentar sus dos enzimas prodigiosas: la respiración y la palabra. En este sentido, este capítulo quiere, simplemente, ser de utilidad para comenzar en este camino.

Llegados aquí, espero y deseo que este recorrido juntos haya facilitado tener unas mejores digestiones.

Para saber más

* Te recomiendo investigar sobre las enseñanzas de Yogi Bhajan, que facilita herramientas para vivir y afrontar los retos que la Era de Acuario nos brinda en este agitado siglo XXI.

* El libro de Jean-Marie Defossez, *Técnicas de respiración terapéutica para mejorar tu salud. Con ejercicios paso a paso para una correcta oxigenación*, Amat Editorial.

* Te recomiendo investigar sobre la Comunicación No Violenta (CNV) de Marshall B. Rosenberg.

* También es muy interesante toda la bibliografía que han generado Adele Faber y Elaine Mazlish, autoras del libro *Cómo hablar para que sus hijos le escuchen y cómo escuchar para que sus hijos le hablen*, ed. Medici.

Conclusiones de la parte III

- Las enzimas emocionales son:
  - la respiración y
  - la palabra.
- La **respiración** afecta directamente al cuerpo físico, al mental y al emocional.
- La respiración nos ancla en el presente.
- La respiración nos viene dada.
- Los humanos podemos regular nuestro patrón de respiración para acercarnos a un objetivo concreto (mental, físico o emocional).
- La respiración implica directamente a nuestra musculatura.
- Nuestra musculatura se ve afectada por nuestras emociones.
- Tornar a la respiración diafragmática y mantener una postura erguida facilita mantenerse centrado y menos reactivo.
- La respiración facilita el silencio interior.

- El silencio interior nos invita al encuentro real con nosotros mismos.
- Cuando hay ese espacio de silencio, hay escucha.
- Cuando somos capaces de escucharnos en nuestra esencia, somos capaces de escuchar a los demás con la conocida «escucha activa».
- Cuando escuchamos al otro le reconocemos y le permitimos ser.
- Las palabras son poderosas, construyen o destruyen.
- Evitar el uso de adjetivos y del verbo «ser» facilita que no se adopten etiquetas.
- Las etiquetas forman nuestras creencias inconscientes y nuestro autoconcepto.
- Hablar en primera persona facilita el encuentro, nos abrimos desde lo que nosotros sentimos y pensamos. Evitamos caer en suposiciones y el otro se siente más comprendido y menos cuestionado.
- Concedernos a nosotros, o al otro, los deseos en la fantasía ayuda a:
  - Anclarnos en la realidad.
  - Afrontar y poner nombre al deseo y a la necesidad.
  - Reconocer al otro y tenerlo en cuenta.
  - Diferenciar entre tú y yo, reconocer que somos diferentes personas.

La descripción es una herramienta mágica a favor del encuentro en la comunicación.

Conclusiones |

Hasta aquí nuestro recorrido juntos. Sé que es mucha información. Espero haber sido capaz de transmitir unas cuantas ideas clave que te ayuden a vivir con mayor conciencia de ti y de tus hijos y, por supuesto, con mayor tendencia a la felicidad.

- Las emociones no son malas: siempre están a nuestro servicio.
- La palabra nos ayuda a disminuir el impacto de las reacciones emocionales. Es la enzima emocional por excelencia.
- La digestión emocional implica crecimiento, avance y transformación.
- La digestión emocional es un proceso. Los procesos requieren tiempo, no son inmediatos.
- El final del proceso digestivo es evacuar. Es un proceso mental: dejar de viajar al pasado y al futuro, soltar la expectativa.
- Tenemos cuerpo físico, mental y emocional.
- La coherencia entre estos tres cuerpos facilita la paz interior y el alineamiento personal.

- Cuando no hay alineamiento, hay alienamiento.
- Cuando hay alienamiento, no hay paz interior y se tiende a buscar *estar* contento.
- Estar contento y ser feliz no es lo mismo.
- La digestión emocional nos facilita vivir con tendencia a la felicidad y a la paz interior.
- La respiración nos ayuda a anclarnos en el presente y, por lo tanto, a soltar.
- La respiración natural es la respiración abdominal.
- El músculo por excelencia de la respiración es el diafragma.
- El diafragma se tensa cuando nos estresamos.
- Para desarrollar el lenguaje es preciso el despliegue de la función simbólica.
- Los primeros años de vida son clave para el despliegue simbólico y para nuestra forma de apego.
- El estrés afecta directamente al sistema nervioso central.
- Funcionar con un exceso de sistema nervioso simpático afecta a nuestro sistema psiconeuroinmunológico.
- La alimentación y la gestión del tiempo son hábitos que pueden promover el estrés o, por el contrario, disuadirlo.
- En los vínculos de intimidad se disparan las reacciones emocionales.
- Todos vamos a vivir procesos de cambio y duelo.
- Todo proceso de duelo requiere tiempo y depende de:
  - las circunstancias del cambio o pérdida,
  - las estrategias de afrontamiento,
  - el vínculo con lo que pierdo.

- El duelo en los niños depende de cómo vivamos los adultos nuestros duelos.
- El duelo en los niños no sigue la secuencia temporal adulta.
- La capacidad intelectual no determina el rendimiento ni el éxito de nuestros hijos.
- El rendimiento y el desarrollo del talento dependen de:
  – la estructura de personalidad,
  – la motivación,
  – la técnica y el hábito de estudio,
  – el cociente intelectual (CI).

- El uso consciente de la palabra facilita la comunicación con los demás y con nosotros mismos (cuando nombro lo que ocurre facilito su digestión).
- La comunicación abierta y reflexiva estimula el desarrollo de la función simbólica y las funciones ejecutivas.
- Recomendaciones de comunicación:
  – Describir.
  – Hablar en primera persona.
  – Conceder deseos en la fantasía (además de formular la petición, implica aceptar la realidad).

Para terminar, quiero concluir recordándote que, desde mi experiencia, la práctica de la respiración consciente y la alquimia de la palabra facilitan la digestión emocional de los bocados de realidad.

Gracias al proceso de digestión emocional podemos avanzar en estos puntos fundamentales:

- Aceptar lo que no podemos cambiar y cambiar lo que sí podemos cambiar. A veces, solo podemos cambiar el modo en que nos relacionamos con la realidad con que nos toca lidiar en cada momento.
- El presente es consecuencia del pasado y una herramienta de futuro. La respiración nos ayuda a anclarnos en el presente. Esto permite aceptar que no podemos cambiar el pasado y nos coloca en dirección al futuro con foco en el presente.
- Si queremos resultados diferentes, haremos cosas diferentes. En el presente es donde puedo actuar. Si quiero que el futuro no sea como el pasado, en el presente tengo que introducir cambios.

La vida reparte las cartas, pero tú juegas la partida: eres responsable de lo que haces con tus cartas y de cómo enseñas a tus hijos a jugar con las suyas. Vive tu maternidad y paternidad de forma consciente. Agradece lo recibido de tus padres, hicieron lo que creyeron mejor para ti y lo que pudieron. Haz de vuestra partida un camino de crecimiento y disfrutad juntos el juego de la vida.

Gracias

Agradecimientos

Hoy, mientras escribo estas líneas, es mi cumpleaños. Lo primero que agradezco es la vida, este regalo que me llegó a través de mis padres y mis ancestros.

Agradezco todo el recorrido hasta hoy: este libro no sería posible si no hubiese vivido todos mis bocados de realidad.

Agradezco a mis abuelos y a mis tíos: gracias, Carmen, Deo, Antonia, Antonio y Pili. Especialmente, a mi abuelo Deo y a mi queridísima tía Conchita, por vuestra vida y por vuestra muerte conmigo.

Agradezco a mis padres por darme el regalo de la vida física, primero, y de la psíquica, después. Gracias a todos los encuentros y desencuentros vividos en la niñez y adolescencia con vosotros hoy soy la psicóloga que soy. A mis hermanos, por ser la primera escuela entre iguales. Gracias por las luces y las sombras de nuestros juegos infantiles. A ti, Pablo, por ser tan perseverante y haber visto a la adulta y escritora que soy antes que yo. Con mis padres y hermanos he experimentado la primera escuela de emociones.

A los novios y pseudonovios que me dejaron y que dejé. A aquellos que simplemente se difuminaron en el tiempo.

Gracias a vosotros definí el hombre que quería para compartir y disfrutar la vida a su lado.

A mi marido, mi amante y confidente, mi amigo y padre de nuestros soles. Mi fan número 1, la persona que mejor me conoce. Abrazas todos mis tsunamis emocionales y, aun así, sigues estando siempre a mi lado. Óscar, sin ti este libro seguiría siendo una posibilidad y no una realidad.

A mis hijos, por ser maestros y aprendices. Por mostrarme mis fantasmas como nadie.

A todos mis pacientes y, especialmente, a Marc, a quien nunca conocí en vida ni traté, pero que me regaló la oportunidad de abrirme al mágico y transformador mundo del duelo como nunca antes había hecho.

Gracias a Susana Gómez, por confiar siempre en mí y por presentarme a Pilar Lozano, mi editora. Gracias, Pilar: sin tu acompañamiento aún no habría puesto el punto final. Gracias a Raimon Samsó, que me alentó a que escribiera un índice y me regaló el libro que recomiendo a todo escritor novel: *Hay un libro dentro de ti*.

Gracias a Pilar Jericó, por tu confianza, por la ilusión y el entusiasmo con el que has aceptado escribir el prólogo de este libro.

Gracias a la vida y… gracias a Dios.

Su opinión es importante.
En futuras ediciones, estaremos encantados
de recoger sus comentarios sobre este libro.

Por favor, háganoslos llegar a través de nuestra web:

www.plataformaeditorial.com

Para adquirir nuestros títulos,
consulte con su librero habitual.

«¡Y qué bien entiendo ahora que al alcanzar
la madurez no hay un asunto más hermoso
para el hombre que su infancia pobre!»*
ALBERT CAMUS

«*I cannot live without books.*»
«No puedo vivir sin libros.»
THOMAS JEFFERSON

Desde 2013, Plataforma Editorial planta un árbol
por cada título publicado.

* Frase extraída de *Breviario de la dignidad humana* (Plataforma Editorial, 2013).